U0647422

中建安装精品工程丛书

徐州城市轨道交通 3 号线站后工程精益建造实践

中建安装集团有限公司　组织编写

中国建筑工业出版社

图书在版编目（CIP）数据

徐州城市轨道交通3号线站后工程精益建造实践 / 中
建安装集团有限公司组织编写. -- 北京：中国建筑工业
出版社, 2024. 12. -- (中建安装精品工程丛书).
ISBN 978-7-112-30856-9

Ⅰ. U239.5

中国国家版本馆CIP数据核字第20250R5R30号

徐州城市轨道交通 3 号线是中建集团轨道交通业务的最大载体之一，也是中建集团充分发挥全产业链资源优势，为服务建设交通强国战略提供"中建方案"的又一经典之作。中建安装作为中建系统"轨道铺设及系统机电"业务的先行者，充分发挥专业化优势，集成创新轨道工程、系统机电工程成套建造技术，研发应用轨行区智能化施工系列装备，深入推进"充分授权、统筹资源、全面管理、协同实施"的站后总承包管理，相继荣获"中国安装之星""鲁班奖"，打造了中建集团首个城市轨道交通站后工程总承包管理的示范标杆。

本书分别从项目背景意义、站后总承包管理、科技赋能履约、质量精益管控、荣誉品牌展示 5 个方面，系统梳理总结了徐州城市轨道交通 3 号线站后工程精益建造实践成果，展现了中建安装精益建造理念的落地实践创新。

责任编辑：张　磊　万　李
责任校对：赵　菲

中建安装精品工程丛书
徐州城市轨道交通 3 号线站后工程精益建造实践
中建安装集团有限公司　组织编写
*
中国建筑工业出版社出版、发行（北京海淀三里河路 9 号）
各地新华书店、建筑书店经销
北京点击世代文化传媒有限公司制版
临西县阅读时光印刷有限公司印刷
*
开本：880 毫米 × 1230 毫米　1/16　印张：12　字数：279 千字
2025 年 6 月第一版　2025 年 6 月第一次印刷
定价：**128.00** 元
ISBN 978-7-112-30856-9
（44054）

版权所有　翻印必究
如有内容及印装质量问题，请与本社读者服务中心联系
电话：（010）58337283　QQ：2885381756
（地址：北京海淀三里河路 9 号中国建筑工业出版社 604 室　邮政编码：100037）

坚持专业化、高质量、可持续发展，

致力成为中国建筑专业公司高质量

发展的排头兵、成为世界一流的

综合安装领军企业

中建安装集团有限公司党委书记、董事长

王俊

本书编写委员会

主　　编：刘福建

副 主 编：李　刚　　刘　景　　贾玉周

编写人员：张睿航　　张国华　　王会乾　　田向东　　李　政
　　　　　张强杰　　王　帅　　詹　亮　　王　毅　　刘天齐
　　　　　吴福荣　　李振磊　　张震刚　　张朝明　　张明明
　　　　　高　谦　　戴　汀　　安永新　　陈文韬　　王　喆
　　　　　安瑞胆　　李功明　　于永吉　　孙来鹏　　李　伟

审核人员：王宏杰　　张安安　　张全河　　杨宝林　　张海冬
　　　　　李　磊

在新时代高质量发展的宏大叙事中，中国建造正以创新为笔、以品质为墨，书写着从"大国建造"向"强国智造"跨越的壮丽篇章，面对全球产业链重构与国内经济转型升级的双重挑战，建筑业作为国民经济支柱产业，亟需以精益建造为抓手，推动全产业链价值提升。丛书《恒逸（文莱）PMB 石油化工项目精益建造实践》《华晨宝马超级汽车工厂精益建造实践》《徐州城市轨道交通 3 号线站后工程精益建造实践》的推出，正是中建安装集团有限公司以实践回应时代命题的智慧结晶，亦是行业转型升级进程中的标志性成果，三册书籍分别从国际化工程、智能制造基地、城市轨道交通等维度，全景展现了精益建造理念的落地实践创新。本书重点介绍了徐州城市轨道交通 3 号线站后工程精益建造的典型经验。

徐州作为著名的五省通衢，是淮海经济区的中心城市和苏北地区第一大城市。城市轨道交通建设作为徐州市加快淮海经济区中心城市现代化的标志性工程，是千万市民翘首以盼的"地铁梦"，更是徐州构建内畅外联、互通综合立体交通体系的重要支撑。徐州城市轨道交通 3 号线是中建集团轨道交通业务的最大载体之一，也是中建集团充分发挥全产业链资源优势，为服务建设交通强国战略提供"中建方案"的又一经典之作。中建安装作为中建系统"轨道铺设及系统机电"业务的先行者，充分发挥专业化优势，集成创新轨道工程、系统机电工程成套建造技术，研发应用轨行区智能化施工系列装备，深入推进"充分授权、统筹资源、全面管理、协同实施"的站后总承包管理，相继荣获"中国安装之星""鲁班奖"，打造了中建集团首个城市轨道交通站后工程总承包管理的示范标杆。

《徐州城市轨道交通 3 号线站后工程精益建造实践》共分五篇 10 章，分别从项目背景意义、站后总承包管理、科技赋能履约、质量精益管控、荣誉品牌展示 5 个方面，系统梳理总结了徐州城市轨道交通 3 号线站后工程精益建造实践成果。

借此机会，衷心感谢社会各界对徐州城市轨道交通 3 号线的关注与认可，也一并致谢建设、设计、监理等单位给予的大力支持与帮助。由于水平和时间有限，本书难免存在不足之处，还请广大读者、业内专家同仁不吝赐教和批评指正。

目 录

第一篇

脉动彭城　实现"三线并网"新阶段

　　徐州作为苏北地区经济中心，是华北、华中地区重要交通枢纽，自古有五省通衢之称。随着徐州城市化发展，人口集中度不断增加，交通压力逐步增大。城市轨道交通作为解决这一问题的重要手段之一，助力徐州市融入国家经济发展大局、突破空间布局的制约起到了重要作用。中建集团积极践行交通强国战略，深度融入徐州城市建设中，先后投资建设了徐州地铁 1 号线、徐州地铁 3 号线，在其中发挥了全产业链资源配置、雄厚的资金实力、丰富的建设经验、强大的人才队伍等优势，谱写了"强富美高"新徐州现代化建设新篇章。

　　徐州市政府与中国建筑集团有限公司（以下简称"中建集团"）共同成立徐州市壹号线轨道交通投资发展有限公司、徐州市叁号线轨道交通投资发展有限公司。中建集团以 PPP 模式运行两条地铁线路，能够实现全线整体管理，有效缩减了政府方的管理成本，也最大化发挥了中建集团的大型项目管理优势。

　　2014 年 10 月 8 日徐州地铁 1 号线第一道基坑的开挖，寓示着中建集团在彭城大地地铁建设领域正式开始了"破土拓荒"之旅。时至 2021 年 6 月 28 日徐州地铁 3 号线建成通车，标志着徐州正式搭建了贯穿城市东西轴、南北轴及东南方向的"大"字形地铁线网骨架结构，串联起了彭城主要交通枢纽、在徐高校，连通众多城市商业圈、生活片区。从徐州地铁 1 号线破土动工到徐州地铁 3 号线建成通车，中建集团"建证"了徐州地铁从无到有、从线到网的蜕变。

　　中建安装集团有限公司（以下简称"中建安装"）为中建集团旗下的专业化公司，承担了徐州地铁 1 号线和徐州地铁 3 号线的站后工程施工总包建设任务，为中建集团做精专业化和做优轨道交通业务奠定了坚实的基础；在畅通"彭城地下血脉"的历程中"育城市、育发展、育人才"，积极贡献安装力量。

第 1 章

项目背景意义

1.1 项目背景

1.1.1 发展背景

徐州作为淮海经济区的中心城市和苏北地区第一大城市,不仅连接了京津冀与长三角地区,而且是我国南北经济沟通交流的重要枢纽。近年来,随着城市快速发展和规模不断扩大,徐州全市在册户籍人口 1041.73 万人,常住人口 882.56 万人[1]。为了缓解城市发展带来的人口数量和车辆数量不断增加引起的交通拥堵问题,带动经济发展、优化城市空间布局、推动区域协调发展、提升城市品质,加快淮海经济区中心城市现代化进程,徐州市政府与建筑业龙头中建集团合作推进地铁建设,实现千万市民翘首以盼的"地铁梦",构建徐州内畅外联、互通综合立体交通体系。城市轨道交通建设作为增强吸引力和提升宜居度的重要发展路径之一,成为了徐州市经济发展的重要一环。

城市轨道交通建设作为徐州市加快淮海经济区中心城市现代化的标志性工程,是进一步强化全市经济发展的重大支撑项目;承载着市民对美好生活的期待,是千万市民翘首以盼的"地铁梦",更是徐州构建内畅外联、互通综合立体交通体系的重要支撑。

1.1.2 交通背景

徐州作为著名的五省通衢,是我国水运、铁路、公路、航空四位一体的交通枢纽,客流量大,同时也面临交通枢纽间的换乘难题,尤其是老城区向东、东南跨越铁路、山川河流,是陆上交通的薄弱截面。为支持城市向东、东南发展的战略需求,围绕"双核多点"协同发展格局,构建公、铁、水、空多式联运运输体系,加强综合交通枢纽的功能整合和服务提升,实现不同交通方式之间的无缝衔接,提高交通的整体效率。近年来,徐州市政府把地铁建设运营作为有效措施大力推进,带领城市快速迈入了地铁建设大发展时期。

2019 年地铁建成前,徐州市市内公共交通系统主要由公交车、出租车构成,公共出行方式可选度低,便捷度不足,随着私家车出行的增多,进一步加剧了城市拥堵。徐州市高峰时段平均通行速度维持在 36.5km/h,日均车流量预计达 40 余万辆,高峰期全域流量预计约 55 万辆,市区主干道拥堵,需增加出行渠道,缓解交通压力。徐州地铁 1、3 号线作为串联徐州市交通要道的重要工程,有助于徐州由交通枢纽向区域枢纽进一步转变,全面提升城市活力。徐州市中心城区道路交通规划图如图 1.1-1 所示。

1　徐州市 2019 年国民经济和社会发展统计公报。

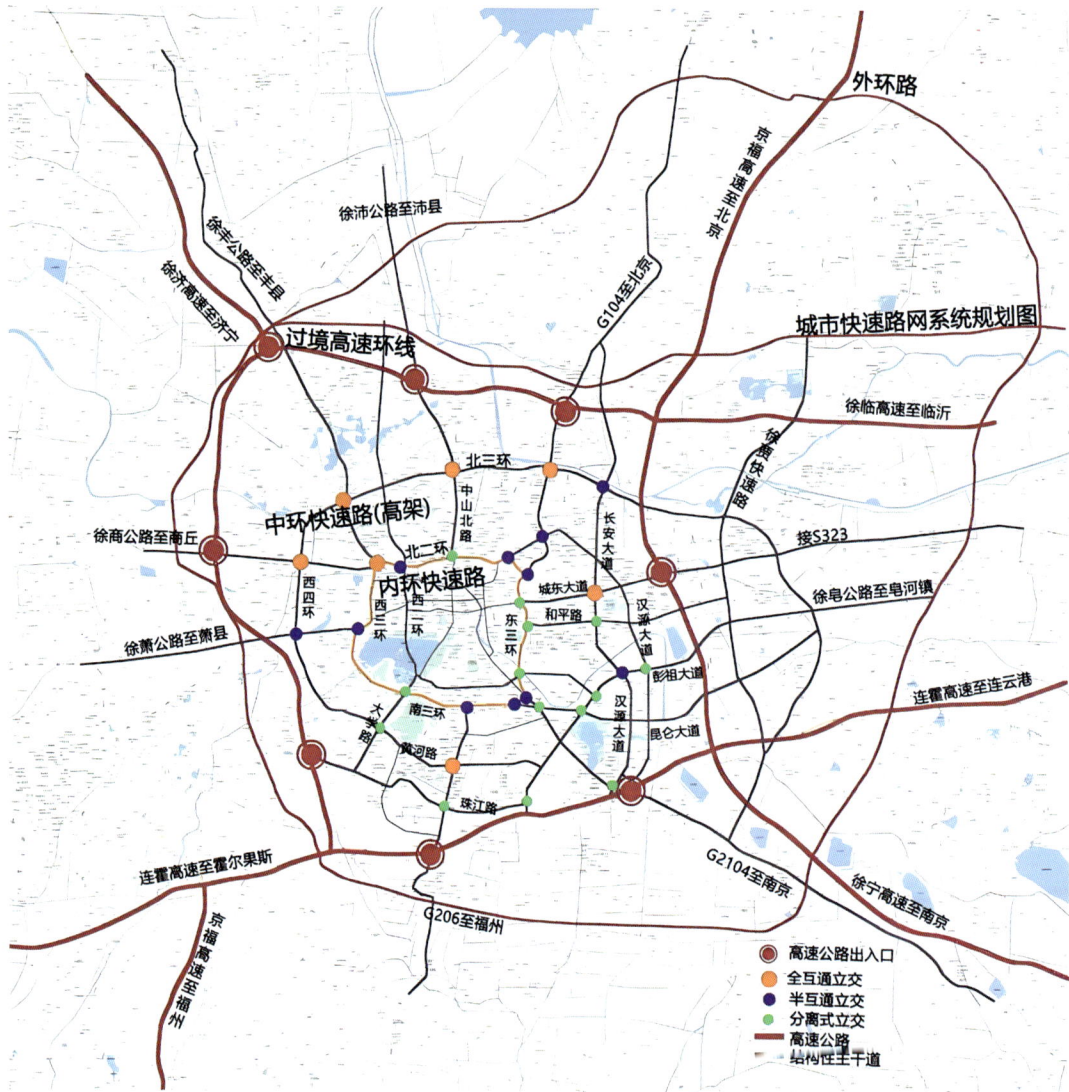

图 1.1-1　徐州市中心城区道路交通规划图

1.1.3　立项背景

2013 年 2 月 22 日,经国务院批准,徐州市轨道交通建设规划由国家发展和改革委员会正式批复,同意徐州市实施轨道交通项目。规划显示,2018—2024 年徐州将持续建设 1、2、3 号线一期工程;同时结合线网规划方案,适时开工新线,包括 3 号线二期、4 号线、5 号线及 6 号线;规划建设规模为 104.8km,车站 73 座,以满足中心城区客运走廊的需求,发挥轨道交通运量大、速度快的优势,使轨道交通初步成网,缓解城区的交通压力。

2016 年 4 月 11 日,中建集团凭借自身在徐州地铁 1 号线建设中展现出的良好履约能力和专业素养,顺利中标徐州地铁 3 号线,以中政企江苏省 PPP 合作基金、徐州市叁号线轨道交通投资发展有限公司、中国建筑集团有限公司三方合作模式开启了徐州地铁 3 号线的建设历程。

1.2　项目意义

1.2.1　彭城迈入"三线并网"时代

2021 年 6 月 28 日，徐州地铁 3 号线一期（下淀站—高新区南站）开通运营，有效改善了徐州市的交通状况、缓解了城市交通压力，为城市居民提供了更为便捷、舒适、高效、安全的交通出行服务，同时也促进了城市的发展和升级。

（1）改善交通状况

徐州地铁 3 号线的建成通车有效缓解了徐州市的交通压力，提高了城市道路的通行能力，减少了道路交通拥堵。从实际运营效果来看，徐州地铁日均客运量达 25.6 万人次 / 日[1]，达到公共交通客运量的 36.4%，已成为城市公共交通的主力。

徐州地铁 3 号线的建设和开通大大提高了城市的公共交通水平和交通服务质量，为市民提供了方便快捷的出行服务，降低了道路交通事故的发生率，一定程度上缩短了居民通勤时间。据统计，每年节约乘客出行时间效益达到 9.2 亿元[1]。

（2）提升城市品质

徐州地铁 3 号线的开通运营，标志着徐州地铁第一期建设项目（1、2、3 号线一期）顺利实现"三线组网"，提升了城市的形象和知名度，展示了城市的发展水平和综合实力，有利于吸引人才、投资和旅游等资源，使徐州更具吸引力和竞争力。

同时，该地铁线路还将推动徐州市城区协调发展，带动周边地区的经济发展，改善城市的形象和面貌。线路沿线将会建设和改造相关的城市设施和景观，提高城市的整体品质和形象，让徐州市成为一个更加宜居、宜业、宜游的城市。

徐州地铁 3 号线开通运营后，800m 地铁半径范围内，老城区人口覆盖率为 58.44%，就业岗位覆盖率为 62.98%；新城区则分别达到 18.45% 和 26.59%。

（3）提高市民幸福感

徐州地铁 3 号线自开通以来，截至 2024 年 5 月，累计收到乘客表扬信 94 封，锦旗 92 面，接到电话表扬 2257 通。凭借准时、快捷、舒适的特点，让市民享受到了更加便捷的城市生活，提高了市民的幸福感。

（4）优化城市空间

徐州地铁的规划和建设将优化城市空间布局，改善城市交通结构，提高城市交通效率。随着地铁线路的延伸和拓展，将有助于优化城市的交通网络，提高城市的综合交通能力。

徐州地铁不断探索扩大服务辐射范围，强化公交地铁融合、衔接，形成公交 – 地铁便捷换乘模式，综合利用了徐州 1645 亩地下空间，打造了三维立体交通枢纽，地铁线网车站辐射能力进一步增强，将冗余运力整体释放投入至服务薄弱区域，增加公共交通的可达性。徐州地铁 3 号线银山车辆段上盖综合体如图 1.2-1 所示。

1　徐州地铁集团官网公告。

图 1.2-1　徐州地铁 3 号线银山车辆段上盖综合体（15.79 万 m^2）

（5）推动绿色出行

地铁作为一种绿色交通方式，其使用对于减少空气污染和改善环境品质有着重要的作用。自徐州地铁 3 号线开通以来，截至 2024 年 5 月，徐州地铁累计安全运送乘客达 2.89 亿人次，与传统公共交通相比，减排二氧化碳 420t，相当于种植森林 $2.2km^2$；年平均节约用电量约 2104 万 kWh，节约运营成本 1893.6 万元；减少城区尾气和碳排放，响应了国家节能减排政策，年减少油耗 0.46 万 t，减排二氧化碳 1.35 万 t，减排氮氧化物 167t。交通工具消耗标准煤当量对比如图 1.2-2 所示。

1.2.2　中建集团"建证"交通强国

（1）深耕轨道交通建设

中建集团紧跟国家战略步伐，全面贯彻"交通强国"新发展理念，投入轨道交通建设，从深圳地铁 9 号线起步，先后参建了南宁地铁 2 号线、郑州地铁 3 号线、青岛地铁 8 号线等 60 余项工程，地铁建设总里程超 1000km，积极为国家交通基础设施建设贡献力量。

徐州地铁 3 号线是中建集团轨道交通业务的最大载体之一，也是中建集团充分发挥全产业链资源优势，为服务建设交通强国战略提供"中建方案"的又一经典之作。从地铁 1 号线到 3 号线，中建集团在徐州地铁的建设中持续打造品质卓越的精品工程。

（2）践行绿色低碳战略

中建集团在地铁的建设中践行节能降碳战略，不断创新、积极进取，为建设美丽中国、实

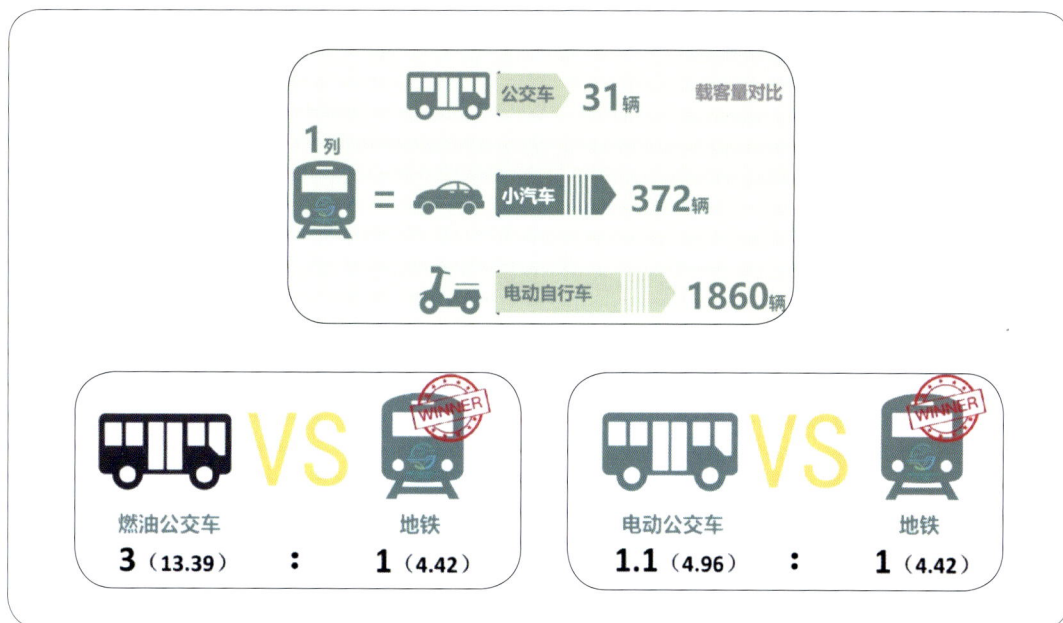

图 1.2-2　交通工具消耗标准煤当量对比

现可持续发展发挥着重要的引领作用。通过推广绿色建筑技术、采用节能环保材料、优化建筑设计等方式，降低建筑能耗和碳排放，注重提升自身的绿色管理水平，加强对项目建设全过程的碳排放监测与控制，确保各项环保措施落到实处。一组组数字印证着中建集团向"双碳"战略转型迈出的坚实步伐。

在徐州地铁 1、3 号线项目建设中，通过采用预制装配式施工、建筑垃圾回收利用、施工扬尘控制、噪声污染防治以及可再生能源利用、水资源节约与循环利用等绿色施工技术等措施，实现节省木材 2100m³，施工废弃量减少 30%，碳排放量减少 5177t，减排率 15.8%，成为地铁建设践行绿色低碳的生动实践。

（3）服务徐州城市发展

徐州地铁 1 号线作为中建集团首个 PPP 地铁项目，是徐州市首条地铁线路，也是淮海经济区首个地铁项目。中建集团凭借丰富的项目管理经验、强大的资源整合能力、丰富的技术经验，在 1 号线的建设中展现出了良好的履约能力和专业素养，高效完成了建设任务。因此，与徐州市政府建立了良好的合作关系，形成了进一步深化合作的默契，为后续继续参与徐州地铁 3 号线的建设奠定了基础。徐州地铁 1 号线杏山子车辆段如图 1.2-3 所示。

徐州地铁 3 号线是在徐州地铁 1 号线优质履约的基础上赢得的二次市场，也是"以现场促市场"的典范项目，支撑了徐州主城区实现"双心八片区"城市空间结构，进一步筑联了外部交通，构建了徐州市轨道交通新型骨架线网，实现了区域交通一体化。徐州地铁 3 号线银山车辆段如图 1.2-4 所示。

（4）打造优质示范工程

徐州地铁 1、3 号线的顺利建设，展示了中建集团在地铁建设领域的实力。中建集团抽调

图 1.2-3　徐州地铁 1 号线杏山子车辆段

图 1.2-4　徐州地铁 3 号线银山车辆段

精英人才组建履约团队，先后投入上千名高素质管理人员，承担全线全专业施工建设任务，发挥工匠精神建设精品工程，先后获得了古彭杯、中建杯、扬子杯、中国安装之星、鲁班奖等奖项，为徐州市城市发展和民生福祉贡献力量，尽显央企责任担当。

1.2.3　中建安装贡献专业智慧

中建安装是中建系统内"轨道铺设及系统机电"业务的先行者，是最先具备自主实施能力的专业化公司。近年来，中建安装在服务交通强国战略中补短板、锻长板，在徐州地铁建设中积极探索城市轨道交通"站后工程总包"管理模式，打造了中建集团首个真正意义的站后总包项目，铸就了站后总包典范，建设了主承建鲁班奖工程。

（1）全产业链优势贡献安装智慧

作为中建集团旗下涵盖专业最全，建设能力最强的专业化公司之一，中建安装承建徐州地铁 1、3 号线全线站后铺轨、常规机电、系统机电、弱电智能化、消防、特种设备安装、装饰装修等全专业的工程施工。面对站后工程专业众多、管理错综复杂的特点，中建安装秉承"军魂匠心"企业精神，成立了站后总包部，在工程建设中发挥全专业优势，精准统筹工序穿插，协调配置资源，最终做到完美履约，为徐州地铁建设贡献了"安装智慧"。

（2）打造城轨站后工程新标杆

在徐州地铁 3 号线建设中,中建安装秉承"精益管理、价值创造"的理念,践行"充分授权、统筹资源、全面管理、协同实施"16 字管理方针,建立健全的站后总包管理体系,锻造了站后总包部一体化管理能力,形成了中建安装特有的"站后总包"模式。站后总包部受业主委托,发挥全专业技术管理优势，全面实施站后全专业施工管理。对项目的整体性目标进行管控，全面监督、指导、协调和服务站后各专业，统筹管理各专业的安全、质量、进度、成本。管理模式由传统的"一对多"转变为"一对一"，实现了全方位管理责任的转移，帮助业主方降低了管理难度，减轻了管理负担，减少了资源占用。中建安装以徐州地铁 3 号线为契机，建立健全了站后管理体系，锻造出了优秀的站后总包管理团队，形成了独具特色的站后管理制度，打造了中国建筑首条站后总包示范工程。

（3）关键技术凝聚核心竞争力

中建安装紧跟国家政策导向，加大研发投入，牵头开展重点科研课题研发。经过多年积累，将"智能建造"作为企业的重点研发方向，并不断开展地铁工程相关领域关键技术的研究。在徐州地铁 3 号线建设中研究应用了"城市轨道交通系统机电工程关键技术""城市轨道交通铺轨成套技术""站后工程高效建造技术"等一系列关键核心技术。形成了涵盖轨道工程、系统机电等多专业的智能建造体系，大幅提升了站后工程施工建造水平，打造了轨道交通科创先锋的"金字招牌"，发挥了工匠精神助力项目获得鲁班奖。

中建安装始终以匠心打通城市"血脉"，为一座又一座城市舒展"交通骨骼"。面对高质量发展新征程，中建安装将笃行不怠、赓续前行，勇做轨道交通电气化领域的领军者，以实干实绩为加快建设交通强国贡献新的更大力量。

第
2
章

项目概况简介

　　徐州地铁 3 号线于 2016 年 8 月正式开工建设，2021 年 6 月开通，实际建设工期 58 个月。
线路全长 18.13km，全部为地下线，共设 16 座地下车站及一个车辆段，起于下淀路站，终于
高新区南站，全线途经鼓楼区、云龙区、泉山区、铜山区 4 个地区。本项目为一条南北向的骨
干线，贯穿老城区南北发展轴，覆盖城市东北和西南放射客流走廊。工程采用 B 型车 6 辆编组，
DC1500V 架空接触网供电，最高设计时速 80km/h，全线总投资 135.28 亿元。徐州地铁 3 号
线一期工程走向示意图如图 2.1-1 所示。

图 2.1-1　徐州地铁 3 号线一期工程走向示意图

2.1 投资建设情况

徐州地铁 3 号线采取 PPP 模式，在该模式下，政府与社会资本合作投资，进行基础设施的建设和运营，拓宽了资金来源。该模式可有效弥补当期财政投入不足，减轻当期财政支出压力，平滑年度间财政支出波动，防范和化解政府性债务风险，也符合轨道项目持续经营的客观需求。徐州地铁集团受徐州市政府委托，与中建集团共同成立徐州市叁号线轨道交通投资发展有限公司，作为建设方，负责徐州地铁 3 号线的投资、建设、运营。这种运营模式，相对于分成不同标段由多个施工单位参建的传统模式，能更好的实现整条线路的统一管理，既有利于缩减政府方的管理成本，又有利于发挥中建集团在城市轨道交通建设中的技术和管理优势。

2.2 五方责任主体

五方责任主体构成情况见表 2.2-1。

徐州地铁 3 号线五方责任主体表 表 2.2-1

五方责任主体	单位
建设单位	徐州市叁号线轨道交通投资发展有限公司
总包单位	中国建筑股份有限公司
施工单位	中建安装集团有限公司、中国建筑一局集团有限公司、中国建筑第四工程局有限公司、中国建筑第五工程局有限公司、中国建筑第六工程局有限公司、中国建筑第八工程局有限公司、中建铁路投资建设集团有限公司、中建交通建设集团有限公司
设计单位	中铁第四勘察设计研究院股份有限公司、中铁上海设计院集团有限公司、天津中铁电气化设计研究院有限公司、广州地铁设计研究院股份有限公司、徐州华东电力设计院
监理单位	英泰克工程顾问上海有限公司、浙江江南监理工程有限公司、江苏建科工程咨询有限公司

2.3 站后工程施工内容

中建安装承担全线轨道工程、系统机电、常规机电、特种设备、装饰装修采购及安装等站后工程建设任务，并履行站后总包管理职能。

2.3.1 轨道工程

包含正线、配线、出入线、车场库外线、库内线及辅助线的轨道系统、疏散平台等设备采购及安装，如图 2.3-1 所示。全线铺轨 18.13km。专业概算为 3.96 亿元，主要工程量见表 2.3-1，相关图片见图 2.3-1。

图 2.3-1　轨道工程

轨道工程主要工程量表　　　　　　　　　表 2.3-1

专业	名称	单位	主要工程量
轨道专业	一般整体道床	km	30.5
	橡胶减振垫	km	4.3
	钢弹簧浮置板	km	3.7
	单开道岔	组	21
	交叉渡线	组	4
疏散平台	支架安装	延米	28500
	平台板安装	延米	28500
	扶手安装	延米	28500
	钢梯安装	区间	15

2.3.2　系统机电工程

包含通信、信号、供电系统设备采购及安装调试。

（1）通信系统施工：全线的专用通信系统、公安通信系统的设备管线安装及调试工作。

（2）信号系统施工：所有正线、辅助线、联络线、出入段线、试车线、车站、车辆段、控制中心（OCC）及培训中心范围内信号设备的安装及调试工作。

（3）供电系统施工：全线的变电所、环网电缆、杂散电流防护、电力监控系统、供电运行安全生产管理系统、柔性接触网、刚性接触网、疏散平台的安装及调试工作。

专业概算为 4.62 亿元，主要工程量见表 2.3-2，相关图片见图 2.3-2。

系统机电主要工程量表

表 2.3-2

专业	名称	单位	主要工程量
通信专业	区间支架及接地安装	km	36
	光、电、漏缆敷设	km	500
	轨旁设备安装	套	68
信号专业	光电缆敷设	km	685
	转辙机安装	套	62
	信号机安装	架	105
	箱盒安装	个	339
	计轴设备安装	个	172
	应答器安装	个	425
供电: 变电专业	电力电缆敷设	km	169.7
	差动保护光缆	km	65.7
	联跳电缆敷设	km	51.1
	电缆支架安装	个	71700
	接地扁钢	10m	6572
供电: 接触网专业	打孔植栓	处	6831
	悬挂安装	处	6831
	汇流排安装	条 /km	43
	线材架设	条 /km	86
	设备安装	台	95
	限界检测	条 /km	43

（a）通信专业

（b）信号专业

图 2.3-2　系统机电（一）

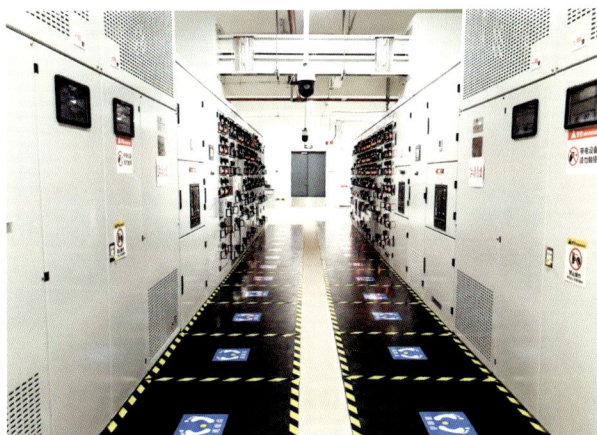

（c）变电专业　　　　　　　　　　　　　　　　　　（d）接触网专业

图 2.3-2　系统机电（二）

2.3.3　常规机电工程

包含通风、空调与供暖，给水与排水、消防，动力照明等设备采购及安装调试。专业概算为 4.28 亿元，主要工程量见表 2.3-3，相关图片见图 2.3-3。

常规机电主要工程量表　　　　　　　　　　　　　　　表 2.3-3

专业	名称	单位	主要工程量
常规设备	螺杆式冷水机组	台	27
	风机	台	460
机电末端	照明灯具	套	12200
	配电箱、控制箱（柜）	台	1890
	各类风阀	个	4958
	补偿器	个	609
	消火栓	台	1224
	离心泵	台	360
	各类管道、线缆	万 m	453

图 2.3-3　常规机电

2.3.4 特种设备工程

包含屏蔽门、电扶梯、人防门等特种设备的采购及安装调试。专业概算为 3.87 亿元，主要工程量见表 2.3-4，相关图片见图 2.3-4。

特种设备主要工程量表   表 2.3-4

专业	名称	单位	主要工程量
屏蔽门	固定门	道	607
	滑动门	道	1534
	绝缘地板	m²	3840
	机房设备	套	80
电扶梯	自动扶梯	台	148
	垂直电梯	台	33
人防门	钢结构防护密闭门	樘	2
	钢结构活门双扇门槛密闭门	樘	23
	钢结构双扇防护密闭门	樘	58
	钢结构无门槛双扇密闭门	樘	52
	防护密闭门	樘	4
	进风机密闭门	樘	11

图 2.3-4　屏蔽门及电扶梯

2.3.5 弱电工程

包含火灾自动报警系统、综合监控系统、自动售票系统、环境与监控系统等系统的设备采购及安装调试。专业概算为 5.38 亿元，主要工程量见表 2.3-5，相关图片见图 2.3-5。

弱电工程主要工程量表　　　　　　　　　　　表 2.3-5

专业	名称	单位	主要工程量
FAS 及气体灭火	管线	m	1490402
	槽	m	28000
	报警设备	套	11343
	气灭管道	m	16000
	钢瓶	组	1746
综合监控	防水线槽	m	2880
	桥架	m	80000
	钢管	m	100000
	线缆	m	520000
	操作员工作站	套	32
	IBP 盘及一体化功能性设施	套	32
	服务器	套	48
	门禁主控制器	套	16
	配电柜	套	32

图 2.3-5　车站监控室及自动售检票闸机

2.3.6　装饰装修工程

包含车站设备区、轨行区、公共区的装饰装修。包含砌筑、铺贴、吊顶等工序内容。专业概算为 1.51 亿元。主要工程量见表 2.3-6，相关图片见图 2.3-6。

装饰装修主要工程量表　　　　　　　　　　　　　　　　表 2.3-6

专业	名称	单位	主要工程量
装饰装修	砌筑	m³	42000
	铺贴	m²	112000
	吊顶	m²	9200
	离壁墙	m²	13523
	栏杆扶手	m	8992.8
	透水砖	m²	14042.1
	安砌侧石	m	5099.7
	格栅	m²	2657.7
	包边板、包梁板	m²	3249.3
	洗脸盆	组	150
	大便器、小便器	组	408
	洗漱台、隔物台	m²	117
	地面蓄光疏散指示	个	4203
	踏步蓄光疏散标识	个	3546
	箭头标识（屏蔽门前）	个	2880
	挡烟垂壁	m	1153.8

图 2.3-6　装饰装修工程

2.4　里程碑节点

根据徐州地铁 3 号线总体建设目标，设定了 15 项里程碑节点，具体节点见表 2.4-1、图 2.4-1。

里程碑节点表　　　　　　　　　　　　　　　　　　　　表 2.4-1

序号	时间	里程碑节点
1	2020 年 1 月 5 日	轨道工程开始铺设
2	2020 年 5 月 15 日	站后工程正式开工
3	2020 年 7 月 29 日	首列电客车正式接车
4	2020 年 11 月 30 日	实现 "35kV" 电通
5	2021 年 1 月 5 日	实现 "轨通"
6	2021 年 1 月 15 日	热滑试验完成
7	2021 年 1 月 27 日	通过项目验收
8	2021 年 2 月 28 日	开始试运行
9	2021 年 4 月 20 日—22 日	热烟测试顺利通过
10	2021 年 5 月 12 日	试运营安全评价顺利通过
11	2021 年 5 月 17 日	全部站点完成消防初检
12	2021 年 5 月 17 日—19 日	试运营专家安全预评估
13	2021 年 5 月 29 日—31 日	竣工验收顺利通过
14	2021 年 6 月 15 日—17 日	试运营专家安全正式评估顺利通过
15	2021 年 6 月 28 日	正式载客开通试运营

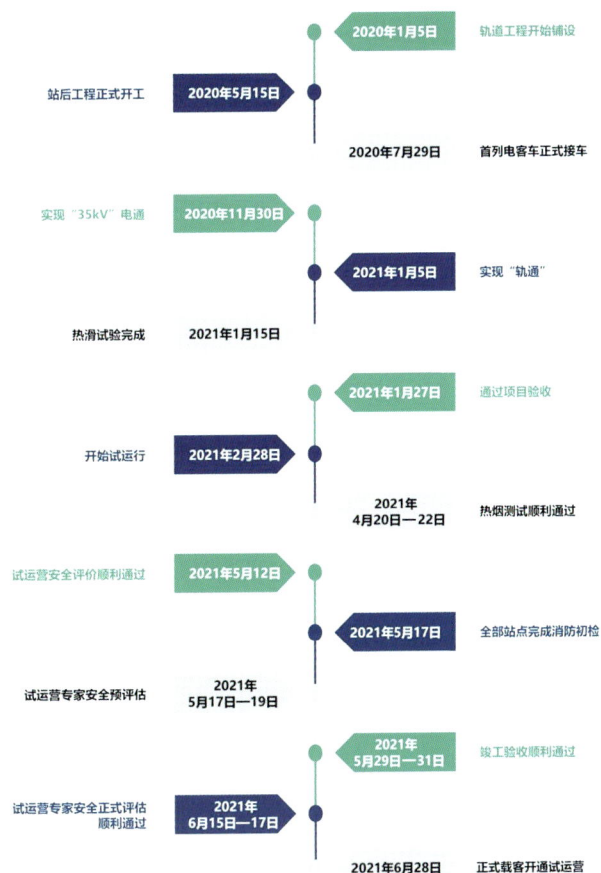

图 2.4-1　里程碑节点图

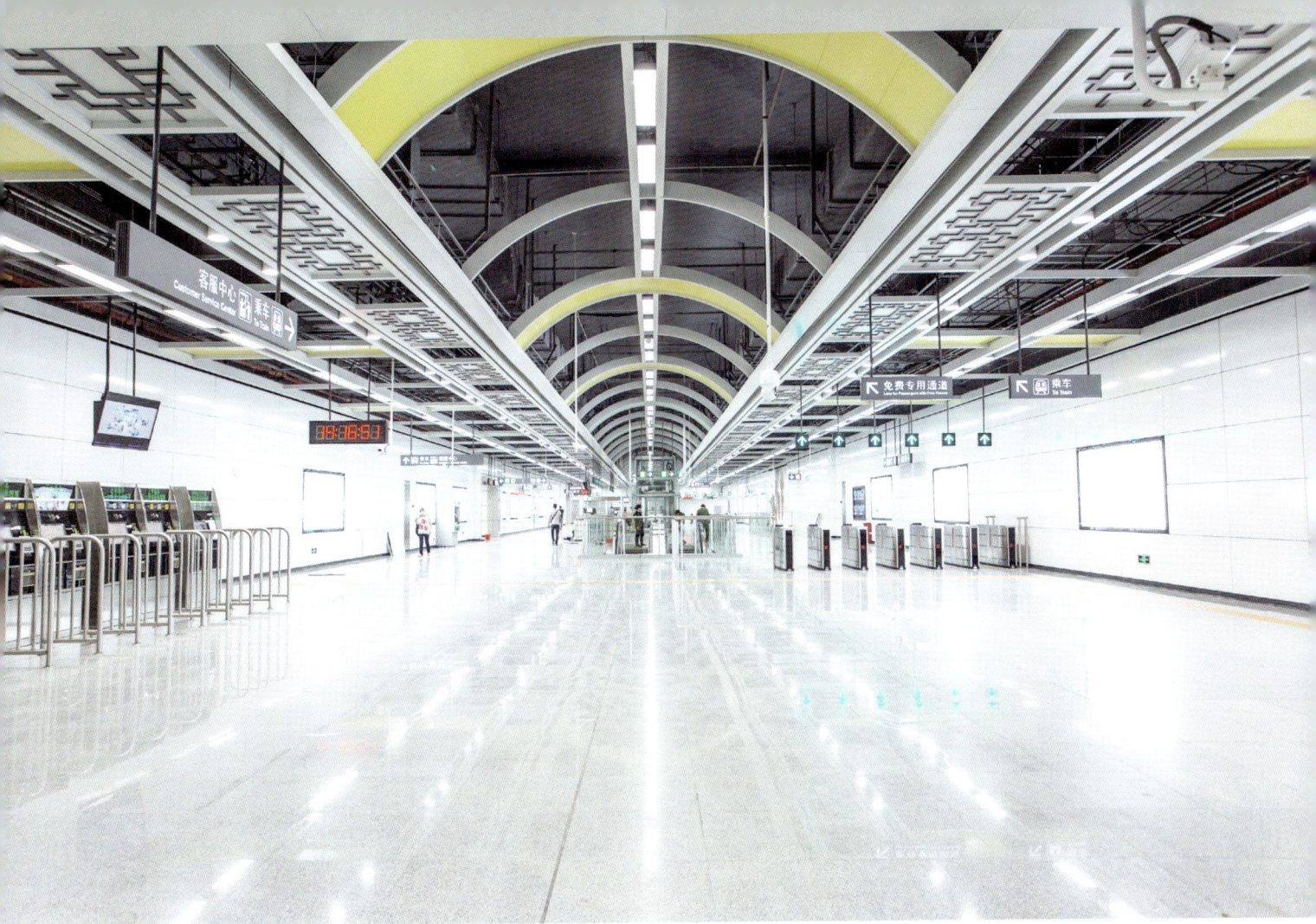

第二篇

厚积薄发　铸强站后总包新模式

　　地铁站后工程建设是一项庞大、复杂的系统性专业工程，涉及轨道工程、常规机电、系统机电、特种设备、装饰装修等十几个专业，涵盖上千种设备的安装。点多线长的施工管理，专业化工程的施工组织，多专业的接口协调为地铁站后工程的施工重难点，35kV 电通、限界检测、冷热滑、联调联试等里程碑节点策划是实施阶段的核心，同时各参建单位差异化的施工品质是制约工程能否高标准交付的关键因素。为确保站后工程的优质履约，中建安装成立了站后总包部，统筹管理全专业、统一指挥行动、简化组织流程、缩短管理链条，联动各参建标段集中优势力量保证节点目标，高质量地完成了各项建设任务。

　　站后总包部作为管理核心，以充分授权、全面管理、统筹资源、协同实施为原则，明确项目的战略定位和管理目标，牵头组织管理站后工程 18 个专业的总体策划，对各标段施工进度、技术质量、安全监督、合约法务、资源供应以及施工协调等工作进行统一策划部署，统一制度标准，统领组织实施，全专业、全链条、全要素、全方位的一体化高效管理有力推动了徐州地铁 3 号线高品质履约。

　　站后总包模式将站后工程全专业的管理、组织、协调统一归集到专业的团队，实施专业一体化集成管理，高效组织专业资源，提高专业衔接与协同推进效率，突破衔接不畅、相互制约、各自为战的管理"瓶颈"，充分发挥"引领、服务、监督、协调"的职能，为业主提供了优质的专业服务，提升了中建安装专业品牌的影响力和安装行业领先地位。

第 3 章

站后总包发展历程

中建安装充分利用其专业优势，积极探索并创新建造模式，自 2014 年发展至今，经过十年的辛勤耕耘和深厚积累，实现了站后总包业务从无到有、从有到优的显著转变。在参与深圳地铁、南宁地铁、郑州地铁、徐州地铁等重大工程建设过程中，不仅锻炼了综合型人才，积累了宝贵资源，增强了技术实力，还提升了管理能力。通过不断的总结和实践，成功将总包管理与专业化发展相结合，形成了一套具有中建特色的站后工程总包管理新模式。

2014 年中建安装首次涉足地铁站后"四电"工程领域，承担了深圳地铁 9 号线系统机电及弱电智能化专业的部分施工任务。2016 年担任了南宁地铁 2 号线机电部门的管理职责，对站后工程的各个专业进行了工期进度、技术质量、施工协调、联调联试以及竣工验收等方面的管理工作。在这过程中，中建安装逐渐培养出一支具备站后工程统筹管理能力的团队。2017 年，中建安装在徐州地铁 1 号线的建设过程中，首次采用了站后总包管理的新模式。通过对地铁施工特点及难点的深入剖析，探索并形成了一套以关键里程碑节点工期为核心的统筹管理体系。该体系以资源共享、统一质量标准、高效施工协调为特征，顺利完成了建设任务，获得了业界的广泛赞誉。这标志着站后总包管理模式正逐步走向成熟。

2019 年在参加徐州地铁 3 号线建设时，中建安装已在多条线路建设中，构建了完善的管理体系，培养了杰出的管理团队，积累了大量的资源，成为一支具备丰富管理经验的站后总包管理团队。徐州地铁 3 号线站后总包部不辱使命，组织了站后全专业大规模"兵团会战"，迅速并高质量地完成了建设任务。此举充分彰显了站后总包部在资源保障、施工规划以及对工期、质量、安全等关键要素的综合管理能力，并发挥了示范引领作用。

3.1 深圳地铁 9 号线

2014 年，中建安装深圳地铁 9 号线项目部正式成立，承担了四站三区间供电、接触网、信号、通信、弱电系统工程的施工任务。此举标志着中建安装首次进入城市轨道交通电气化施工领域。项目部成立之初，遭遇了人才短缺、分包分供资源不足、技术水平尚不成熟以及外部环境复杂等多重挑战。为此，集团派遣了多位二级公司副总经理担任领导职务，内部调配了杰出的管理人员，同时从外部市场引进了具备成熟技术管理经验的人才，并聘请了外部专家，组建了一个由 40 余名成员组成的团队。团队按照既定节点要求，如期完成了施工任务，并派遣技术人员全程参与了联调联试工作，建立了联调联试管理制度，确保了竣工验收的顺利进行。经过一年多的不懈努力，提前两个月实现了通车目标，为中建安装后续轨道电气化业务的发展奠定了坚实的基础。文锦站轨行区如图 3.1-1 所示，9 号线电客车如图 3.1-2 所示，配电箱柜安装如图 3.1-3

图 3.1-1 文锦站轨行区

图 3.1-2 9 号线电客车

图 3.1-3 配电箱柜安装

图 3.1-4 信号机安装

所示，信号机安装如图 3.1-4 所示。

3.2 南宁地铁 2 号线

2016 年，中建安装应中建集团的要求，派遣 40 多名管理人员成立了南宁地铁 2 号线机电部，全面负责 2 号线站后专业的施工组织和统筹管理。在项目启动之初，机电部协调各参与站后施工单位，根据关键里程碑目标，制定了项目总进度计划、物资需求计划和图纸需求计划。这三大计划被确定为 2 号线站后工程施工管理的核心，为工程的顺利完工奠定了坚实的基础。

在施工期间，2 号线的四个中间站点及其三个区间与 1 号线同步建设。然而，由于联建部分的土建工程由 1 号线承担，导致洞通及车站主体结构的交付时间大幅延迟，未能满足 2 号线后续工程的时间要求。这一状况迫使 2 号线工程不得不划分为南北两部分进行施工。面对此挑战，机电部门的管理团队进行了周密的策划与分析，并决定对南北两部分分别实施"35kV 电通、热滑、动调、分阶段站级调试"等措施，以确保项目能够如期进行试运行。

在验收阶段，机电部制定了站后工程质量验收计划和十三项政府专项验收计划，确保了 2 号线能够顺利完成竣工验收和安全评估。管理团队始终秉持"保、跟、抢"的工作理念，不畏艰难，不惧挑战，最终顺利实现了全线通车的目标。南宁地铁 2 号线车辆段热滑如图 3.2-1 所示，35kV 电通如图 3.2-2 所示。

　　在南宁地铁 2 号线工程的磨练下，中建安装锻造出一支擅长地铁站后工程统筹管理的团队，并培养了逾百名专业工程技术人员。此外，公司还配备了先进的设备，包括 2 辆接触网作业车、1 辆接触网放线车、1 辆自制的限界检测车、6 辆轨道平板车、1 辆轨道工程车、2 台门式起重机以及 4 台地铁铺轨机，如图 3.2-3 ~ 图 3.2-6 所示。

图 3.2-1　南宁地铁 2 号线车辆段热滑

图 3.2-2　南宁地铁 2 号线 35kV 电通

图 3.2-3　轨道工程车

图 3.2-4　接触网放线车

图 3.2-5　铺轨基地门式起重机

图 3.2-6　地铁铺轨机

3.3   徐州地铁 1 号线

在 2017 年,中建安装参与了徐州地铁 1 号线的建设,并承担了站后工程的组织与管理工作。凭借在深圳地铁和南宁地铁建设项目中积累的丰富经验,我们深知站后工程具有设备安装种类繁多、施工场地受限、多工序交叉施工、工期紧迫以及协调难度大等特点。这些因素可能导致各专业施工相互制约、工序衔接不顺畅、质量标准不统一以及轨行区行车安全风险增加等一系列问题。为了解决这些问题,迫切需要一个能够进行统筹协调的管理机构。

因此,中建安装徐州地铁 1 号线站后总包部应运而生,这是由中建安装首次提出的新管理模式。站后总包部的管理团队由 43 名成员组成,由中建安装直接管理,并被定义为集团直管项目部。指挥长由集团副总工程师担任;分管常规机电和系统机电的副指挥长由二级公司副总经理担任;其他成员均为管理经验丰富,技术能力突出的管理人员。在公司充分授权下,站后总包部策划商务计量,平衡资金收支,整合资源配置,统筹管理进度、安全和质量,统一轨行区调度,规范地盘管理,协调工序交接。这些措施有效解决了站后各施工标段的相互制约因素,简化了组织协调程序,缩短了管理链条,提高了整体工效。徐州地铁 1 号线车辆段如图 3.3-1 所示,徐州地铁 1 号线车站如图 3.3-2 所示。

在建设过程中,站后总包部积极组织各施工标段大力推广建筑业十项新技术,并在此基础上研发出多项拥有自主知识产权的创新技术。成功推广应用了建筑业十项新技术中的 7 大项 21 子项,形成了 4 项创新技术。此外,还获得 3 项公司级工法认定、5 项实用新型专利、4 项发明专利,以及发表了 7 篇论文。

在面临工期紧迫以及外部环境不稳定等诸多挑战的情况下,徐州地铁 1 号线的站后总包部肩负起了全面统筹管理的重任。通过其高效的组织与协调,确保了施工现场秩序井然、进度有序,最终顺利实现了 1 号线的通车目标。实践充分证明了站后总包管理模式在地铁建设领域的先进性和适用性。

图 3.3-1   徐州地铁 1 号线车辆段

图 3.3-2   徐州地铁 1 号线车站

3.4 徐州地铁 3 号线

徐州地铁 1 号线的成功通车，印证了站后总包部在组织管理方面的优势。为了进一步发挥站后总包模式在地铁建设中的显著作用，基于对 1 号线施工管理的全面总结与提升，中建安装于 2019 年成立了徐州地铁 3 号线站后总包部。该总包部遵循"充分授权、全面管理、统筹资源、协同实施"的 16 字方针，实现了统一策划部署、统一制度标准、统一组织实施。

（1）统一策划部署：首先，组建一个实力雄厚的站后工程总包部，以发挥其"引领、服务、监督、协调"的职能。其次，由集团主导，组织地铁站后工程项目的策划工作，明确项目的战略定位、管理目标、责任主体以及内外部参与单位的责任分配等关键内容，从而为项目的实施提供指导。

（2）统一制度标准

一是站后总包部建立统一的规章制度，为项目的顺利实施提供制度保障。根据徐州地铁 3 号线项目特点，建立工期、质量、安全、商务、属地管理、轨行区管理、接口管理、安全文明施工标准手册等 34 项制度，全面规范各参建单位的施工行为。通过这些制度的公平、公正执行，各标段能够充分协作、服从管理、目标统一、共同努力，从而确保建设任务的顺利推进。安全文明施工标准手册如图 3.4-1 所示，管理办法如图 3.4-2 所示。

二是站后总包部统一技术质量标准。全线规范施工工艺和质量样板，采用了统一标准做法，两个专项考核，六大专项整治，成功塑造了矿大文昌校区站和浦江路站两个样板站，引领了整体建设，如图 3.4-3 ~图 3.4-6 所示。

其中，统一标准做法：线槽灯、VRV 统一线槽敷设、地砖/地板美缝布局、离壁沟蓄水试验等。两个专项考核：不锈钢电焊工的焊接技术考核、管道保温外壳施工考核。六大专项

图 3.4-1 安全文明施工标准手册

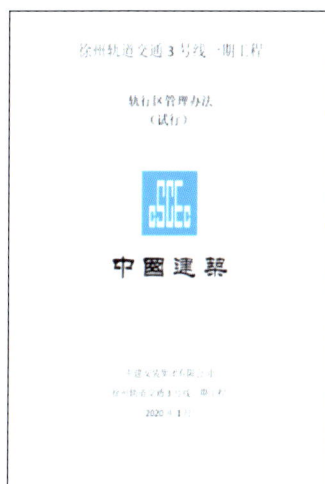

图 3.4-2 管理办法

图 3.4-3　冷水机房

图 3.4-4　消防泵房

图 3.4-5　供电设备

图 3.4-6　轨行区

整治：防火封堵、走道内综合管线优化、水管与保温管径匹配、机柜内及机房走线布局、墙面平整度 / 阴阳角整治、冷水机房 / 消防泵房管道排布。

（3）统一组织实施

一是统筹专业物资采购和管理。针对上千种专业工程物资，统一材料设备品牌参数标准，及时组织各专业招标采购，各参建单位共同参与这一过程，确保了利益共享，取得了各方满意的效果。徐州地铁 3 号线在短短 5 个月内就成功完成了 124 项主要材料设备的采购工作。

二是统筹专业接口管理。站后总包部制定专业接口管理矩阵，明确接口责任及管理流程，成立专门调度室，安排专人协调各专业施工接口。

三是统筹工期策划与组织实施。站后总包部统揽站后全局，建立"两线三点"的总体思路，以区间、车站为两条主线组织部署，以轨通、电通、试运行为控制性节点，将建设周期根据阶段性重心任务分阶段实施，统筹管理铺轨、二次砌筑、机电安装、装饰装修等工程，如图 3.4-7、图 3.4-8 所示。

図 3.4-7　全线轨通

図 3.4-8　35kV 全线电通

　　四是统筹地盘、轨行区管理。站后总包部制定站后工程安全文明施工标准化手册、图集，全线统一安全管理制度；对轨行区实施行车、电力、施工的统一调度管理。站后总包部建立了一套轨道交通站后工程智慧管理平台，从隧道组网、智能调度、行车监控、行车视频、抵近预警、智能防护等多个维度管理施工现场，通过对车辆、人员定位技术及区间视频监控，保障了各单位在隧道区间内的人与人、人与车、车与车的行车调度和人员管控，实现工程现场"人、机、物、法、环"管控融合，达到人、车的作业安全和统筹施工，成功解决了地下空间无通信信号、轨行区安全调度难、施工现场无实时数据等问题，如图 3.4-9、图 3.4-10 所示。

　　站后总包部以项目为载体开展科技创新工作，形成了 8 项创新技术，获得了 3 项公司级科技成果、9 项省级工法认定、7 项实用新型专利、13 项发明专利，以及发表了 16 篇论文。

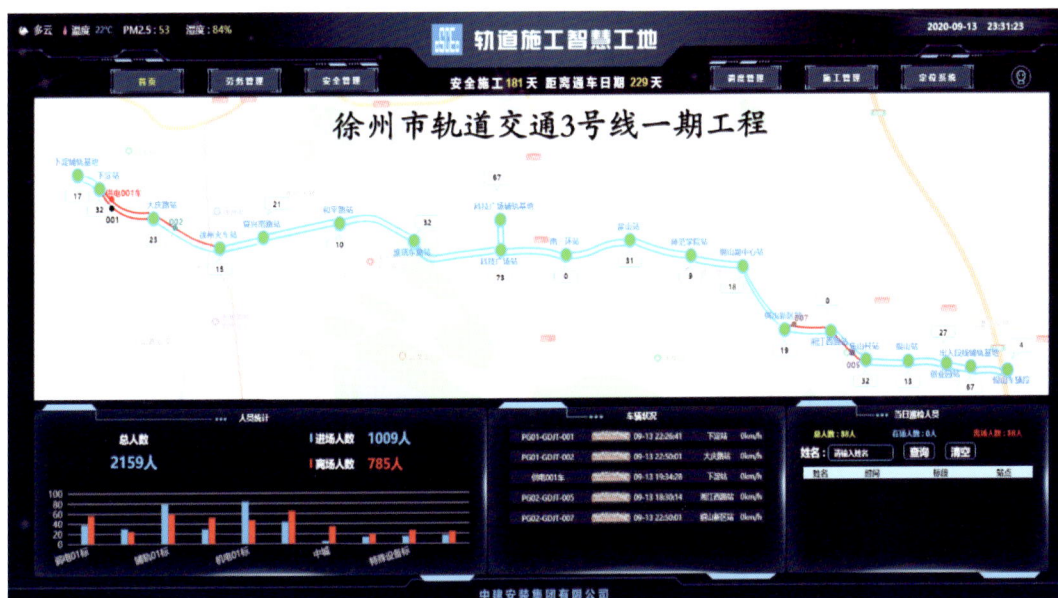

図 3.4-9　轨道交通站后工程智慧管理平台

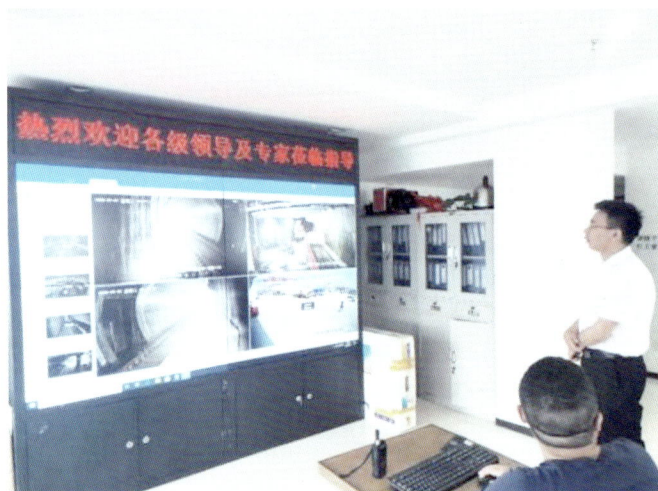

图 3.4-10　管理平台实时数据显示

在站后总包部的全专业、全链条、全要素、全方位的一体化高效统筹管理下，徐州地铁 3 号线于 2021 年 6 月顺利通车试运营。2023 年，该项目荣获建设工程鲁班奖，标志着中建安装站后总包模式已成为行业内的典范。

第 4 章

站后总包管理职能

徐州地铁 3 号线的站后总包管理模式，是以站后总包部为核心枢纽，涵盖 10 个施工标段。在这种模式下，站后工程的管理、组织和协调工作被集中于站后总包部，从而实现了专业一体化的集成管理。通过这种方式，能够高效地组织专业资源，并提升专业间的衔接与协同推进效率。

4.1　站后工程总包部组织机构

徐州地铁 3 号线的站后总包部汇聚了一批经验丰富的地铁施工管理专家。其中，指挥长一职由集团副总工程师担任；三名副指挥长则由二级公司的副总经理兼任，他们分别负责铺轨工程、常规机电以及系统机电的管理工作。此外，还从各二级公司精选了杰出的管理人员，担任技术负责人、商务经理、质量总监和安全总监等关键职位。为了确保管理效率，我们还设立了六个职能部门，共同构成了完整的管理机构，负责统筹站后 10 个标段的各项工作。站后工程总包部组织机构如图 4.1-1 所示。

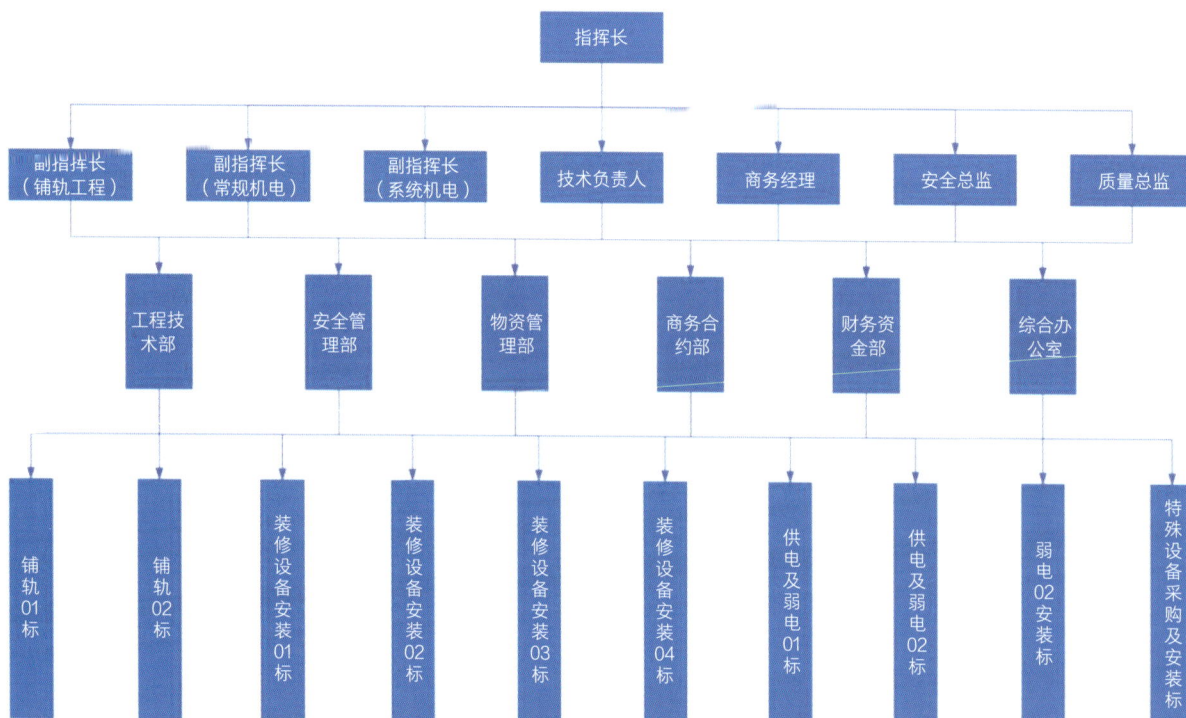

图 4.1-1　徐州地铁 3 号线站后工程总包部组织机构图

4.2　站后工程总包部职责

站后总包部统筹管理站后工程整体施工进度、技术质量、安全监督、合约法务、商务计量、物资招采、财务收支等工作，代表中建安装作为履约主体，对站后工程各标段实行管理、监督及协调。主要职责如下：

（1）全面组织站后总包部管理，对合同中的各类指标负责，履行合同约定的义务和责任。

（2）对项目实施的全过程进行策划、组织、协调和控制，制定工期、质量、安全等管理目标，定期进行检查考核。

（3）统一与设计、监理、质量监督部门以及第三方检测单位等沟通协调。

（4）协调站后工程与市政管网、电力、人防办、卫生防疫、民用通信等外部单位的施工接口，明确界面划分，落实责任主体。

（5）制定站后总包部总体质量目标并分解落实各标段，审批站后工程施组和各专项施工方案，指导首件定标，规范验收程序，定期进行现场质量检查。

（6）制定站后总包部总体安全目标并分解落实各标段，审批站后工程各类安全管理制度并正式下发，组织开展各类专项检查，对违反站后安全管理制度的责任单位、责任人按规定处罚。

（7）组织轨通、35kV 电通、接触网网通、冷热滑、热烟测试，深度配合联调联试、试运行、政府十三项专项验收等。

（8）统筹车站地盘管理，统一规划施工场地，统一布置临水、临电及 CI 制作，严格控制设备材料进出场及堆放等。

（9）轨行区调度管理，站后总包部建立全线轨行区调度室。设调度长、计划调度主管、安全调度主管、行车调度主管，日常管理轨行区调度。

（10）地铁专业接口管理，在站后工程施工范围内，对各专业或系统之间的施工界面、功能要求、通信协议等接口进行统一管理。

（11）调试管理，组织各标段单机单系统调试，配合推动综合联调。

（12）站后总包部负责牵头组织三权移交，向建设单位分别移交调度指挥权、属地管理权、设备使用权。

（13）站后总包部统一管理工程、技术、质量及安全等工程资料，对接建设单位、档案馆进行归档。

4.3　站后总包部管理内容

站后总包部对站后工程施工和各标段的现场管理发挥主导作用，在站后总包部统一领导下，对各标段统一管理制度、项目工筹、物资供应、工序穿插、接口管理、轨行区管理、地盘管理，实现站后工程现场履约的高度协同。

4.3.1　制度管理

站后总包部建立了 39 项管理制度，有效地规范现场施工，确保工程有序推进、安全可控。具体管理制度见表 4.3-1。

4.3.2　工期管理

以"紧前安排、工序衔接紧密、主动创造作业面"为原则，站后总包部联合各标段编制及会审总体工期筹划，重点梳理各专业的工序衔接，统筹施工安排和节点控制。联合建设单位重点梳理土建标段对站后标段的制约因素并制定相应解决措施。

（1）以"两线三点"为原则进行策划，即以区间、车站为两条主线组织部署，以轨通、电通、试运行为控制性节点，将建设周期根据阶段性重心任务划分为五个实施阶段。

第一阶段：区间以铺轨专业为核心（轨通前），其他专业紧随其后；车站以砌筑装修为主导（设备进场安装前），为设备安装创造施工条件。

第二阶段：区间以电通为核心（环网敷设、接触网架设），车站以强电设备安装及配线为主导，其他专业围绕电通配套施工（信号联锁、无线通信、强电设备房机电设备安装及装修设备房收尾），为热滑创造条件。

第三阶段：以行车系统功能实现，常规机电、综合监控、FAS、站台门等专业设备调试为主线，为试运行、综合联调创造条件。

第四阶段：以车站常规机电、通信、信号、综合监控、FAS 等专业施工为主线，为项目工程验收创造条件。

第五阶段：以专项验收、竣工验收、安全评估为主线，为初期试运营创造条件。

为了确保整个工程建设进度有序推进，站后总包部编制三大计划：施工总进度计划、物资供应计划、图纸需求计划。站后总包部编制的三大计划如图 4.3-1 所示，三大计划专项评审会如图 4.3-2 所示。

（2）根据站后总包部发布的三大计划，各标段编制四级施工计划并报站后总包部审批，构成自上而下，从总体到细部的计划管理体系。

第一级：根据三大计划，各标段编制施工总进度计划及形象进度；

第二级：根据施工总进度计划，编制各分部分项进度计划；

第三级：根据分部分项进度计划，编制月进度计划；

第四级：根据月度计划分解形成周进度计划；

站后总包部审核的计划以书面形式下发至各标段项目部，各标段项目部严格按照下达的作业计划进行施工，站后总包部每月定时召开进度计划分析会，对按期完成的标段予以奖励，对进度偏差较大的标段予以处罚并制定纠偏措施。

站后总包部建立的管理制度 　　　　　　　　　表 4.3-1

序号	类型	管理制度	备注
1	生产管理制度	工期管理办法	
2		形象进度考核管理办法	
3		技术管理办法	
4		影像资料采集管理办法	
5		总包部主要负责人及标段负责人施工现场带班制度	
6	安全管理制度	安全生产监管机构和人员配置管理办法	
7		安全会议制度	
8		项目开工安全生产条件审查申请制度	
9		安全生产责任制	
10		安全生产责任制考核办法	
11		安全检查与隐患排查管理制度	
12		安全教育培训制度	
13		安全技术管理制度	
14		消防安全管理制度	
15		应急管理制度	
16		安全生产与文明施工奖罚办法	
17		现场劳务用工管理办法	
18	质量管理制度	工程质量管理办法	
19		工程质量考核制度	
20		工程质量问题及事故调查处理制度	
21		成品保护管理制度	
22		质量会议制度	
23	商务管理制度	合同管理办法	
24		计量支付管理办法	
25		计量确权管理办法	
26		分包方成本控制办法	
27		商务资料档案管理办法	
28	物资管理制度	物资管理制度	
29		物资招标办法	
30		月度管理考核办法	
31		物资进场验收管理办法	
32	综合管理制度	文件管理办法	
33		考勤休假管理办法	
34		会议管理办法	
35		车辆管理办法	
36		宣传工作管理办法	
37		办公用品管理办法	
38		工作群管理办法	
39		低值易耗品管理实施细则	

图 4.3-1　站后总包部编制的三大计划

图 4.3-2　三大计划专项评审会

（3）各阶段施工管理。

1）前期区间轨道施工

站后总包部组织铺轨标段，根据土建完成时间，进行铺轨工期匹配性分析。因部分洞通移交时间滞后以及突发的疫情防控，造成了站后工程多次采取抢工措施。师铜区间土建盾构故障频发导致原计划 9 月洞通延期至 11 月，铺轨工程采取了提前储备材料，增加 150 名成熟的钢筋工、木工、电焊工和测量人员，加大施工机械投入等有效保障措施。下大左线、和淮区间、焦银区间、铜铜区间等土建进展缓慢，将铺轨作业面多点分割，铺轨工程采取了增加 3 处散铺面等措施，通过以上组织措施，缩短了工期 30 天，为后续热滑节点任务顺利完成争取了宝贵时间。土建计划移交与轨道铺设时间关系图如图 4.3-3 所示。

2）前期车站砌筑装修

将车站划分为站厅、站台设备区两大部分，即站厅设备区 A 端、B 端，站台设备区 A 端、B 端。根据机房功能重要性将设备区砌筑装修分为三类板块：第一类供电类设备房、第二类弱电类设备房、第三类常规机电机房。设备区关键设备房工序如图 4.3-4 所示。

优先砌筑第一类强电设备房区域、其次是第二类弱电设备房区域，然后第三类常规给水排水及通风类机房、常规电气类机房。在砌筑装修的同时，运用 BIM 技术对墙体预留孔洞精确定位，提前预留各专业孔洞、施工运输通道等，为后续管线及大型设备进场安装提供条件。

3）中期设备安装配线

站后总包部主要以"35kV 电通""接触网网通""热滑"为主线任务。35kV 电通前，组织策划变配电设备进场安装，并要求相关专业优先完成强电设备房内管线敷设及设备安装；梳理环网电缆敷设路径，特别是联络通道及电缆夹层内敷设条件；接触网网通前，组织梳理中板的封堵时间，协调土建单位编排中板封堵计划，并要求相关专业在接触网网通前完成区间所有施工任务，为热滑节点的实现奠定了坚实的基础，如图 4.3-5 所示。

其他各专业以设备安装、线缆敷设为主，为后续的设备调试提供条件。站后总包部牵头各专业梳理那些对其他专业影响较大的前置工序，并对其实施重点监控。鉴于常规机电是多个专业电力供应的关键节点，我们督促其在完成自身的环控、动照系统设备安装和电缆敷设的同时，也要同步完成其他相关专业的供电线路工作，从而为这些专业进行单机调试提供必要的前置条件。

4）后期收尾、调试及验收

以调试促施工，调试是全面检验施工技术水平及设备整体性能的关键过程，各类施工技术问题集中暴露，站后总包部组织各标段对问题进行统计和分析，制定相应的解决措施，避免类似问题重复发生。

以收尾促移交，工程收尾是全面查漏补缺、质量纠正的重要阶段。工程收尾阶段涉及多专业工序配合，站后总包部牵头各专业梳理尾项及质量整改清单，根据整改清单划分责任区域并派专人盯控责任标段逐个销项。

（4）统筹全局、聚力攻坚

在徐州地铁 3 号线的建设过程中，站后总包部扮演了关键的攻坚角色，统一协调并组织了包括"轨通、电通、热滑、试运行"在内的关键节点工作，成功实现了多专业协同施工的"大会战"。这一过程中，充分激发了各标段的积极参与性，彰显了在站后总包部的统筹管理下，面对挑战时所展现出的攻坚克难的"铁军"精神。

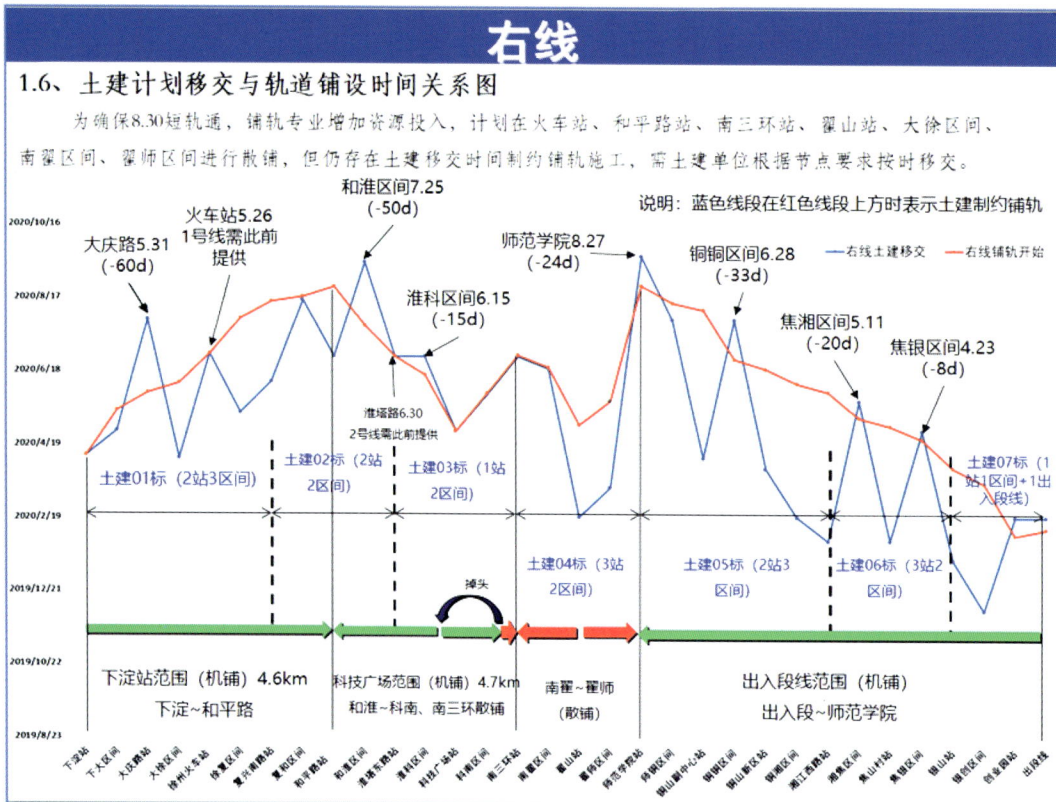

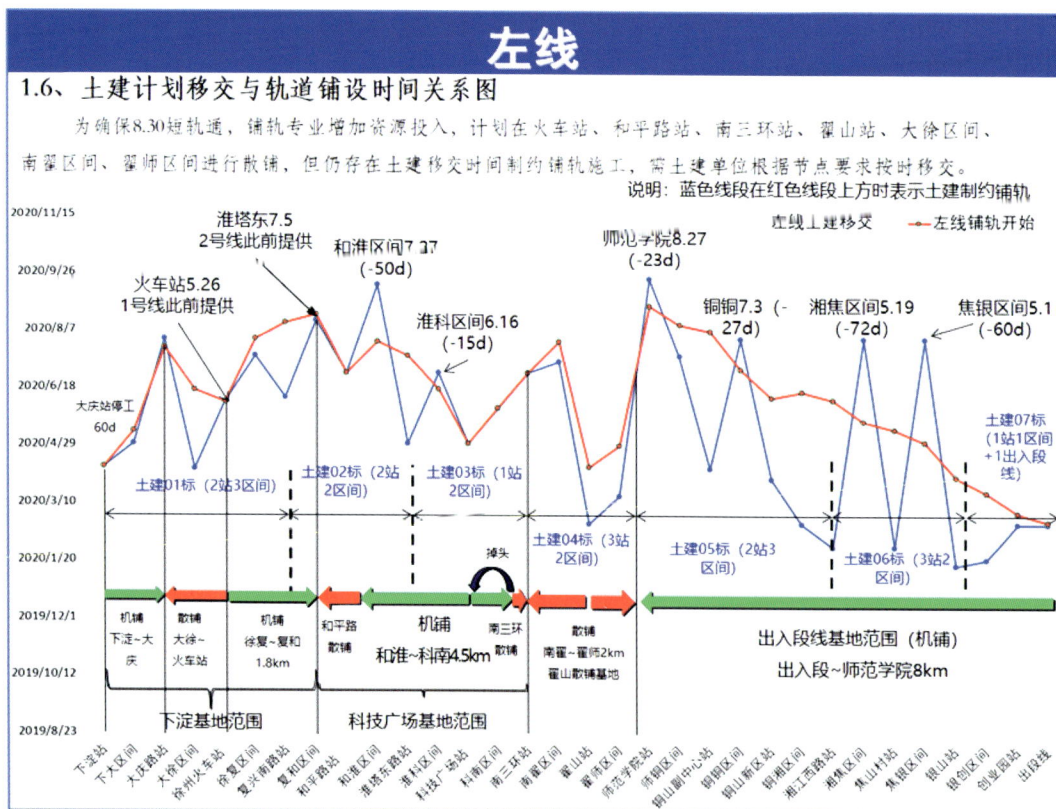

图 4.3-3 土建计划移交与轨道铺设时间关系图

一、设备区

关键工序：

供电类设备房
（35kV开关柜、0.4kV开关柜、1500V直流开关柜、高压控制室、高压电抗室、整流变压器室、跟随变电所）

- 装修专业　砌筑、页墙抹浆　3.15-4.20
- 强电专业　基础预埋、接地　前置条件：1、图纸　需5天　4.30-5.4
- 弱电/气灭专业　配线配管及灭管线　前置条件：1、图纸　需3天　5.3-5.5
- 常规专业　墙体地面埋管线、气灭管、风管及桥架安装　前置条件：1、图纸　2、甲控乙供风阀　3、乙购关键防静电风阀风口保温棉　需15天　4.21-5.5
- 装饰　装修专业（最后一面面）深移交运墙、面贴做、地面找平层、防火圈、隔墙墙　5.6-5.22
- 强电专业　大型供电设备进场就位　前置条件：1、图纸　2、甲供门窗（临时门）需17天／前置条件：1、甲供变压器　2、甲供35kV开关柜、整流器柜、直流屏　需10天　5.23-6.2
- 装修专业　后期墙封闭（砌体、抹灰）、地面贴砖、墙面地面收口　6.2-6.21　需20天
- 常规专业　灯具、面板、三箱安装、电缆敷设　前置条件：1、乙购关键灯具、电缆　2、甲供三箱　需5天　6.8-6.12
- 弱电/气灭专业　各弱电各终端模块安装　前置条件：1、甲供弱电专业终端模块　需5天　6.17-6.21
- 强电专业　供电设备安装及调试　前置条件：1、乙购关键电缆　2、系统算成商进场、送电　3、调试图纸　需60天　6.8-8.7

> 1、常规专业此房间（除0.4kV开关柜）的单机调试，需在供电设备送电商完成，送电后其他相应专业，其他专业进入房间作业；不要装入房间作业。

关键工序：弱电类设备房

- 装修专业　砌筑、页墙抹浆　4.1-5.15
- 弱电/气灭专业　墙面地面埋管管线、气灭管、桥架安装　7.3-7.4
- 常规专业　墙体地面埋管线、风管安装及风管、风阀、桥架保温、风阀、桥架安装　前置条件：1、图纸　2、甲控乙供风阀　3、乙购关键防静电风阀风口保温棉　需50天　5.16-7.14
- 装修专业（最后一面面）深移交运墙、地面找平层、防火圈、隔墙墙　前置条件：1、图纸　2、甲供门窗（临时门）需35天　7.5-7.29
- 弱电专业　线槽敷设、电缆敷设　前置条件：1、乙购关键电缆　需23天　7.30-8.21
- 装修专业　天花吊顶天棚/防静电地板（待线槽线缆敷设后铝天吊扣板）、装地面收口　备注：装修图加天花……　需20天　8.22-9.10
- 常规专业　风口安装、灯具、面板、三箱安装　前置条件：1、甲供三箱　2、乙购关键灯具、电缆、风口　需7天　9.4-9.10
- 弱电/气灭专业　各弱电设备区域、终端模块安装　前置条件：1、甲供弱电专业终端模块　需5天　9.6-9.10
- 弱电专业　弱电设备安装及调试　前置条件：1、系统算成商进场　2、调试图纸　3、正式电源　需30天　9.11-10.10

> 1、其他单位（如：策规机电设备房设备调试、设备调点装修临时作业）进入房间向供电专业临时作业。

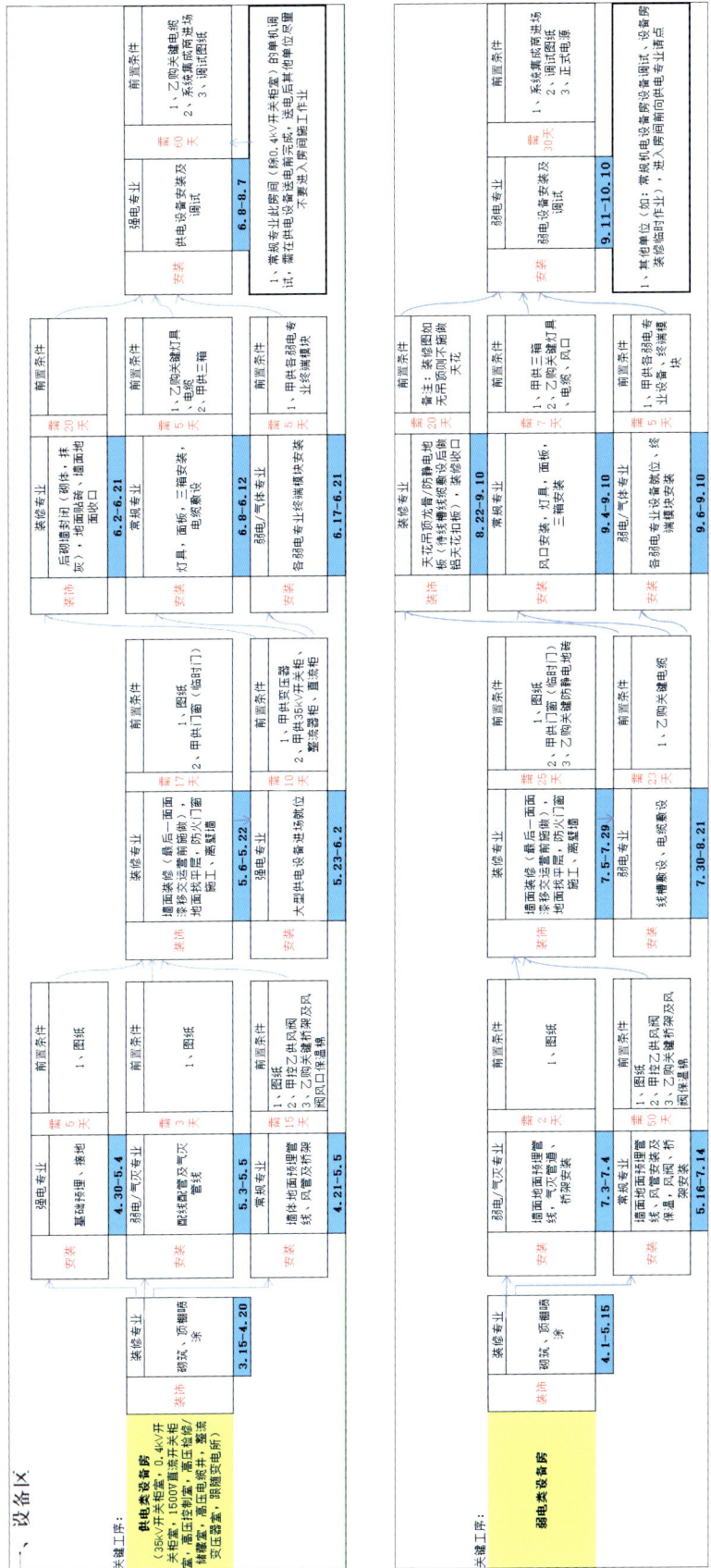

图4.3-4　设备区关键工序逻辑图（一）

图 4.3-4 设备区关键工序逻辑图（二）

图 4.3-5　徐州地铁 3 号线热滑工作推进会

1）钢铁长龙的"轨通"会战

面对"洞通"前置条件滞后、"热滑"节点工期紧张的局面，和淮左线界面移交后在剩余不到 20 天的时间内完成了 760m 钢弹簧及 1100m 普通道床施工；师铜右线界面移交后仅用 6 天时间散铺完成 780m 轨道铺设。面对复杂的情况，站后总包部统筹策划，采取工序优化、调集资源以及双向对铺等措施，于 2021 年 1 月 4 日、1 月 5 日分别完成了"和淮左线"和"师铜右线"两个区段的短轨通。同时站后总包部快速组织后续各专业紧随铺轨施工，仅用不到 6 天时间完成了区间所有专业的施工任务，为 2021 年 1 月 15 日热滑创造了有利条件。

2）能源动脉的"电通"会战

在电通节点即将到来之际，由于前置条件的严重滞后，导致站后工程的施工时间不断被压缩。站后总包部迅速组织了"保电通"动员及部署会议，将电通确立为首要目标，并得到了各标段的积极回应和迅速联动。在这样的努力下，仅用 25 天就完成了淮塔东路站强电开闭所设备房的砌筑装修、供电设备的安装调试以及相关专业的施工任务。此外，仅用 5 天时间就完成了师铜区间（1.7km）的环网电缆敷设、接触网架设与调整、通信、信号等其他专业的全部电缆敷设及所有功能调试。35kV 电通的顺利完成，为后续各专业的调试工作奠定了基础。

3）电力脉络的"热滑"会战

为了确保电客车的安全稳定运行，热滑前的轨行区条件检查及清理工作任务艰巨。站后总包部及其下属各标段迎难而上，积极应对。在指挥长的领导下，站后总包部的管理人员连续三天三夜跟车监督，确保了工作的顺利进行。2021 年 1 月 12 日，他们组织了各标段紧急清理车站及轨行区的建筑垃圾。紧接着在 1 月 13 日，他们又组织力量集中进行了"和淮左线"和"淮塔东路站"的清运任务。同日晚上，紧急调动公司资源对师铜右线进行支援，终于在 1 月 14 日上午完成了全线的建筑垃圾清理工作。站后总包部及各标段的精诚合作和团结一心，确保了 2021 年 1 月 15 日热滑节点的按期完成。

4）平稳畅行的"试运行"会战

在 2021 年 2 月 28 日这一关键的"试运行"节点与春节假期重叠的背景下，站后总包部迅速动员，积极号召各标段在春节期间迅速行动起来。为此，他们组建了一支由 200 余名管理人员和 750 名作业人员组成的攻坚团队。团队成员从正月初二开始投入轨行区冲洗工作，正月初三顺利完成了水沟施工任务，正月初八又成功完成了小站台内的收尾工作，从而圆满实现了试运行节点的目标。

4.3.3 技术质量管理

技术管理是地铁站后工程管理的重要部分，其成果直接影响到工程进度、质量以及成本控制等多个维度，对地铁站后工程的顺利实施发挥着至关重要的作用。技术管理贯穿于地铁站后工程实施的整个周期，在施工准备阶段，调查分析技术资料、制定合理且可行的施工组织设计，以及全面会审图纸等环节是不可或缺的；进入施工阶段后，技术管理涉及施工方案的编制与执行、提出合理的工程变更、采纳新技术、新工艺、新设备和新材料等关键环节，以确保施工任务能够按期、安全、优质且高效地完成。

（1）站后总包部牵头组建了以总工程师为核心的综合技术管理体系，全面负责协调各标段的技术与质量事宜。徐州地铁 3 号线的技术管理体系采取站后总包部的专业技术人员与各标段项目部技术人员相结合的管理方式。站后总包部配备了铺轨、系统机电、常规机电以及特殊设备等领域的专业技术人员各一名，他们负责统筹协调并联络各标段项目部的总工程师及技术人员，以确保各阶段的技术质量工作顺利进行。

在施工准备阶段，站后总包部依据站后工程的特性，构建了完善的技术管理体系，并确立了技术质量管理制度，以明确各岗位的技术职责。同时，制定了一系列相关规章制度，涵盖了施工调查、图纸会审、技术交底、技术文件及竣工资料管理、见证取样与材料送检、工程进度管理与节点控制、设计变更与双重优化、科技创新以及成品保护等方面。此外，依据公司发布的技术规范台账，并结合地铁站后工程的特定要求、设计标准及施工范围，站后总包部督促各标段项目部建立标准规范台账信息，制定项目质量计划、新技术的推广及"四新"技术的应用计划。在施工过程中，严格遵循上述制度和计划，确保了有章可循。

（2）施工前，站后总包部门积极筹备设计交底、图纸会审等环节；施工过程中，负责场地移交和测量工作，确保站后各专业工序顺利交接，并严格执行技术监督。各标段依据自身工作范围，编制各类施工方案，这些文件首先由标段所属公司进行审核，随后提交至站后总包部门会签，并由站后总包部门技术负责人进行审核，最终提交监理单位审批确认。对于规模较大、风险较高的工程，站后总包部门将组织专家进行论证，并详尽记录论证过程。

由站后总包部的技术负责人牵头，各专业技术人员通过定期或不定期的检查，监督各标段

图 4.3-6　施工组织设计内部评审会

的现场施工工序报验与验收状况、施工测量记录、材料报检记录以及施工试验记录。此举确保了工程资料的及时填报，并与工程进度保持同步，同时保证了内容的规范性和准确性。此外，每月定期对各标段进行技术质量考评，有效提升了各标段的技术质量管控水平。

（3）编制并执行施工组织设计。站后总包部召集各领域技术专家，依据土建作业面移交计划和关键工期等关键信息，结合过往施工经验，精确评估各专业的工作效率指标。他们合理规划施工流程，挑选出最优的施工工艺、劳动力配置、设备布局、材料供应以及工期优化方案，进而编制出《站后工程施工组织设计》。经过四轮、历时两个月的汇报、讨论和修订，该设计最终获得了徐州地铁 3 号线建设单位的审核批准。《站后工程施工组织设计》包括了施工图纸需求计划、物资材料进场计划、劳动力配置计划、关键节点工期安排、专业施工工序安排以及接口管理计划等关键内容，为站后工程的顺利推进提供了全面的统筹规划。施工组织设计内部评审会如图 4.3-6 所示。

（4）解读图纸与讲解图纸。针对地铁各个专业领域，站后总包部组织了各标段的图纸解读与讲解活动。此举要求各施工标段深入理解设计意图，并组织各施工标段对施工的整体部署、主要施工工艺及质量控制点、关键及复杂施工技术方案、施工接口管理及应对策略、安全保障措施等进行预判与分析。通过这些措施，促使各专业施工标段熟悉自身及其他专业的施工流程和工序，实现对整个施工过程的全面把控。

（5）BIM 的深化管理。在地铁站后期工程中，车站设备种类繁多，各专业管线的排布错综复杂。多家设计院完成的设计成果往往不统一，导致专业间出现不一致性和不协调现象。这一问题可以通过构建 BIM 三维建筑模型来有效解决。站内 BIM 模型如图 4.3-7 所示。

站后总包部引领各标段成立了深化设计团队，建立了 BIM 平台，制定了统一的 BIM 标准文件作为技术支撑，为深化设计工作奠定了坚实的基础。并多次组织 BIM 深化讨论、交流和审查会议，确保在方案调整过程中，BIM 模型充分考虑实际施工的可操作性，例如焊接空间、支吊架空间、保温空间、电缆敷设空间以及特殊部件的空间需求。同时，深化设计还考虑了后期运维人员所需的检修空间和设备检修通道。在确保功能需求得到满足的前提下，使得整体建筑和机电管线的空间布局更加美观。

（6）样板引路及首件验收。工程开工伊始，选定土建提供条件最好的站点为样板站，站后各专业进行样板施工，为全线树立标准。通过样板工程促使各标段项目部完善管理体系，规范管理行为，以确保批量施工整体有序可控。从源头规范施工队伍施工作业行为。样板工程为大面积开展施工提供质量检验、施工标准和各项工作流程，有利于加强工程的重要工序、关键环节的质量控制，消除工程质量通病，提高工程质量的整体水平。从而达到提高工程质量，提升管理效率的目的，实现站后质量动态一体化管控的目标。

总包部的样板引路实施遵循"策划为先，技术交底先行，样板引路先行，工艺工序流程标准化，检验评定，以及总结提升"的原则。在样板工程启动之前，组织技术人员全面考虑施工场地移交、方案审批、技术交底、工艺流程、验收标准、设备材料采购、接口协调、工作配合时间等多个方面，系统地建立样板工程建设管理标准，并对样板工程的实施进行周密策划。这强调了工程质量管理的前期策划和过程检查控制手段，确保通过过程工作质量来保障工程质量。样板引路如图 4.3-8 所示。

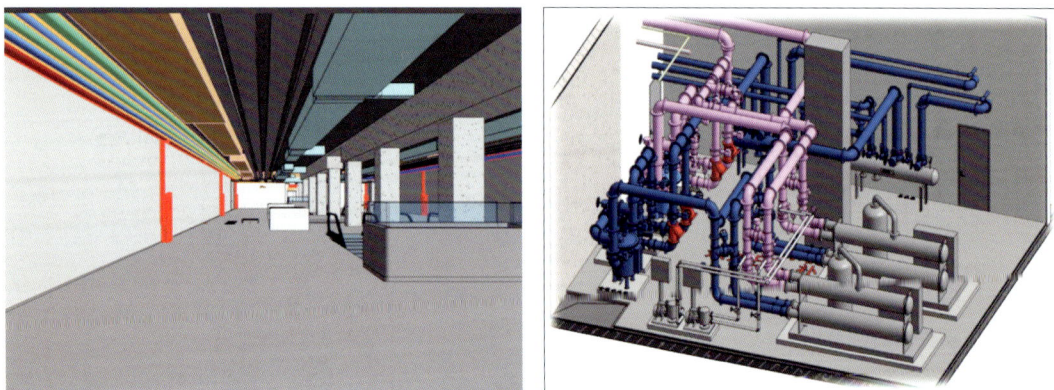

图 4.3-7　站内 BIM 模型

图 4.3-8　样板引路

（7）过程资料管理与竣工资料编制归档

站后总包部定期对各站后专业技术资料的编制、准确性、及时性、合规性情况进行检查，并评比通报，以此来加大技术人员对工程资料整理和归档工作的重视程度。保证资料真实记录了施工的整个过程，最终满足了业主或档案馆的组卷要求，顺利办理了移交。

站后总包部工程资料管理遵循："内容完整、齐全、真实、有效"的原则，并具有可追溯性，编目清晰，检索便捷。

（8）新技术推广应用及科技创新

站后总包部以项目为载体开展科技创新工作，基于站后工程的重难点，针对现场工程实际问题进行科研攻关，组织各专业开展新技术应用和科研创新。并将科技创新融入到施工生产中，提升施工品质、缩短施工工期、降低施工难度。在应用过程中做到了以下两点，一是超前一步，通过关键技术储备和管理的创新，做到人无我有；二是提升一步，做到人有我精，形成差异化经营；三是推动创新成果现场应用转化率，推动现场实际应用。通过技术创新推动项目生产方式、管理手段、价值创造的变革与发展，实现了项目优质履约。铺轨工程工法、论文、专利等成果详见表 4.3-2 ~ 表 4.3-4，二维码工程应用如图 4.3-9 所示。

工法等成果 表 4.3-2

序号	成果名称	成果性质	所得名次 / 颁奖单位	备注
1	隧道轨行式全向内壁钻孔机器人	赢在南京·江北新区杯青年科技工作者创新创业大赛	优秀奖	市级
2	城市轨道交通智能化信息系统	赢在南京·江北新区杯青年科技工作者创新创业大赛	优秀奖	市级
3	接触网悬挂调整专用梯车的研制	中国建筑业协会质量管理二类成果奖	二等奖	省部级
4	城市轨道交通系统机电工程关键技术成果及应用	江苏省安装行业协会科技创新奖	科技创新奖	省部级
5	地铁刚性接触网接触线架设及汇流排安装施工工法	中建安装工法	企业级工法	公司级
6	地铁正线刚性接触网无轨悬挂调整施工工法	江苏省安装行业施工工法	省级工法	省部级
7	基于地铁隧道管片打孔机的施工工法	中建安装工法	企业级工法	公司级
8	信号工程单机单系统调试方案	华北公司优秀施工方案奖	华北公司	公司级
9	一种区间轨行式电动运输平板	五小成果奖	中建安装团委	公司级
10	城市轨道交通牵引供电系统直流设备绝缘安装工法	北京市认定工法	北京市	省部级
11	城市轨道交通牵引供电系统直流设备绝缘安装工法	江苏省安装行业施工工法	江苏省安装行业	省部级
12	一种移动式遥控疏散平台铺板车	华北公司专利成果奖	二等奖	公司级

论文发表 表 4.3-3

序号	论文名称	发表期刊	完成人	备注
1	户内交直流双制式接触网上网电缆的相关问题	电工技术	张国华 邱运军	
2	地铁信号系统室内施工工艺研究	装备维修技术	李旭	
3	地铁接触网常见故障和问题分析及其应对方法	交通科技与管理	曹张练 周建民 李祥春	
4	地铁刚性接触网施工技术以及应用研究	交通科技与管理	李功明 王新春 候港辉	
5	大数据时代智慧工地的发展	现代电信科技	薛康 王彬彬 李星星 颜达 吴志红	
6	智慧工地建设的必要性与应用发展	城镇建设	徐浩 薛康 张定邦 查子富 毕玉萍	
7	智慧工地建设需求和信息化集成应用	城镇建设	田向东 戴汀 朱振旺 李子煊 李少行	
8	智慧工地在轨道交通安全生产上的应用	城镇建设	贾玉 周薛康 哈江 丁律 方曙升	
9	城市轨道交通站后工程总承包模式的探讨	江苏省安装行业协会	刘世豪 丁卫 李刚 田向东	优秀论文评选二等奖
10	城市地铁系统机电设备的维护管理	城镇建设	田向东 汤银辉 葛加磊	
11	城市轨道交通运营综合监控与管理流程优化	城镇建设	李刚 张伟 田向东	
12	地铁铺轨施工常见质量问题分析及控制措施探讨	城镇建设	贾玉周 葛加磊 张伟	

专利成果 表 4.3-1

序号	名称	备注	年份
1	区间可折叠移动平台－实用新型专利证书（签章）	已取得证书	2020 年 12 月
2	一种改性漏风量测试仪器－实用新型专利证书（签章）	已取得证书	2020 年 12 月
3	一种新型地铁铺轨施工设备	已取得证书	2020 年 6 月
4	一种地铁铺轨机变跨顶升辅助装置	已取得证书	2020 年 10 月
5	一种地铁轨排拼装辅助台	已取得证书	2020 年 6 月
6	地铁站后工程综合监控管理信息系统 V1.0	已取得证书（软件著作）	2021 年 4 月
7	轨道交通站后工程智慧管理平台 V1.0	已取得证书（软件著作）	2020 年 9 月
8	自轮运转设备自动监测系统 V1.0	已取得证书（软件著作）	2021 年 5 月
9	区间可折叠移动平台－实用新型专利证书（签章）	已取得证书	2020 年 12 月

图 4.3-9　二维码工程应用

（9）组织浦江路站大型观摩活动

2020 年 8 月 6 日以徐州地铁 3 号线为载体，中建集团主办，中建安装承办了"中国建筑城市轨道交通业务推进会暨现场观摩活动"。这次活动是中建集团深入研讨城市轨道交通业务发展前景、推动城市轨道交通业务高质量发展的会议。站后总包部组织各标段技术人员，从现场布置、样板展示、技术创新、安全标准化、质量创优等多方面策划，达到了活动的目的，并很好地展现了项目管理亮点，具有示范借鉴作用，详见表 4.3-5、图 4.3-10。

项目管理亮点展示　　　　　　　　　　　　　　　　　　　　　表 4.3-5

序号	活动亮点
1	展现"中国建筑"安全文化主题
2	临边洞口防护标准化展示
3	声、光安全报警系统展示
4	工业化成品支吊架、抗震支架展示
5	铁皮风管、酚醛风管工厂化加工展示
6	薄壁不锈钢管双卡压技术展示
7	工艺管道工厂预制加工展示
8	建筑工人实名制管理、实行"线上""线下"同时管控，远程实时监控现场施工状态
9	轨行区出入安全管理视频管控标准化、智慧调度系统
10	BIM 技术在地铁站后工程施工中的应用
11	自行式液压升降机现场应用
12	运用自由设站控制网精调轨道规避"人工基标法"人工肉眼偏差，借助轨检小车实现人工智能化，大大提高轨道相对平顺性，减少后期运营维护量
13	二维码技术的现场应用使用

图 4.3-10　大型观摩活动

4.3.4　安全管理

站后总包部成立了安全生产管理机构，并组建了以指挥长为首的安全生产管理小组。根据集团的制度要求，配备了充足的安全生产管理人员，并将标段劳务队伍的安全员整合进总包部的日常安全管理工作中，进而构建了站后总包部、标段项目部以及劳务队伍之间的三级安全管控体系。

（1）建立安全管理制度

根据公司管理制度，结合项目实际，编制了《现场安全文明施工奖罚办法》《站后工程安全文明施工标准化手册》等安全管理制度文件，明确了管理要求。

站后总包部安全管理部监督管理各标段安全，落实安全生产要求。各标段对本标段的安全工作负责，认真履行安全生产责任，遵守相关安全生产制度。相关制度见表 4.3-6。

安全管理制度表　　　　　　　　　　　　　　表 4.3-6

	序号	制度名称	编制要点
安全管理制度	1	安全生产责任制度	明确工作内容，确定工作目标及考核办法
	2	安全教育培训制度	编制培训计划，明确责任人
	3	安全生产检查制度	明确检查人及整改落实人
	4	安全专项方案管理制度	安全保证措施到位，责任人明确
	5	分包安全管理制度	企业资质、管理流程及进出场控制
	6	安全技术交底和危险因素告知制度	交底流程、交底人、告知形式及内容
	7	特种作业持证上岗制度	报审流程及培训取证
	8	机械设备管理制度	进出场流程、过程控制
	9	安全设备、设施验收制度	验收流程、验收人及验收部位、关键点
	10	班组安全活动制度	班组活动管理规范
	11	现场文明施工管理制度	文明施工管理规范及项目实际
	12	劳保用品管理制度	劳动防护用品佩戴标准及发放形式
	13	现场防火安全管理制度	动火作业流程、审批、责任人，应急物资
	14	安全生产奖惩制度	奖惩措施、考核及奖惩如何落实
	15	事故报告制度	事故的等级，报告的程序和内容及响应
	16	安全交接班制度	交接人员的要求及注意事项
	17	安全生产挂牌制度	明确挂牌的位置和场所，制定相关责任人
	18	安全生产例会制度	参会人员，会议内容及相关要求

（2）建立安全生产责任制

站后总包部督促各标段的项目主要负责人、安全总监、专职安全员持证上岗。按照安全生产责任制要求，站后总包部与各标段、各标段与劳务分包均签订安全生产责任书及相关安全协议，明确双方具体安全职责，层层压实管理责任。同时建立考核奖罚制度，定期进行安全管理目标考核和安全生产责任制考核，强化在过程中的管理责任与管理力度。

（3）安全教育

1）管理人员安全教育

根据每月重大危险源辨识情况，站后总包部组织安全管理人员、站长等开展临时用电、轨行区施工等专题安全教育，提高管理人员专业技能和现场安全管理水平。

2）现场作业人员安全教育

①现场人员入场教育 100% 覆盖，人员进场必须携带身份证、当月体检报告、特种作业证件，方可进行入场教育，教育考试合格发放统一劳保用品，并将人员信息录入劳务实名制考勤系统。站后总包部不定期现场抽查人员入场教育以及特种作业持证情况。

②标段开展经常性教育培训、专题性教育、节假日教育等多元化教育，规范作业人员操作行为，强化安全意识。站后总包部将教育开展情况纳入标段月度安全管理考核。

③每日班前安全教育常态化，标段每天在安全工作群里上报班前活动汇总记录以及时长不少于 3 分钟的安全教育视频，班前教育汇总记录包含作业队伍、作业位置、施工内容、人员、教育照片以及签字等内容。安全教育培训如图 4.3-11 所示，开展安全月、行为安全之星活动如图 4.3-12 所示。

（4）安全标准化管理

项目开工前，站后总包部组织编制了《站后工程安全文明施工标准化手册》，从施工图牌、个人防护、临边洞口防护、高处作业防护、施工用电、起重吊装、消防设施、定型化生产设施、机电安装、轨道工程、供电工程、装饰装修、成品保护，绿色施工、临建设施等方面统一标准化，并在全线宣贯实施。

图 4.3-11　安全教育培训

图 4.3-12　开展安全月、行为安全之星活动

　　站后总包部要求所有站点在进场准备时必须遵循标准化手册的规定，并且只有在通过站后总包部的验收后，方可开始全面施工。此外，站后总包部还组织了多次现场标准化观摩会，通过加强考评激励机制，有效推动了标准化建设的持续改进和提升。

　　（5）安全例会制度

　　站后总包部每周组织标段项目经理、生产经理、安全总监等召开安全生产例会，通报本周安全检查情况，部署下一周的安全管控要点。

　　站后总包部每月组织安全总监例会，标段汇报本月安全管理情况，分析确定项目安全管理关键点、着重点。同时开展月度安全管理评比，并将考核情况通报标段上级单位主管部门。

　　（6）安全检查考核

　　站后总包部强化过程检查，开展各类专项检查，对危险性较大的施工环节安排专人盯控，确保发现问题及隐患得到及时整改。站后总包部每周组织各标段进行互查互检，对夜间施工作业进行突击检查，对大型吊装等进行旁站监督，形成检查记录、整改通知、隐患排查整改、做到闭环管理，确保发现问题及时整改落实到位，并每周形成检查通报。

　　（7）建立应急管理体系

　　开工前，站后总包部组织各标段进行危险源辨识，编制危险源清单、制定安全管理方案及安全技术措施、安全生产综合事故应急预案等。结合项目风险识别与专家评估的应急预案，站后总包及各标段建立应急救援体系，配备充足的应急救援物资及器材。保证建设期间发生紧急事故后，能及时响应，迅速采取有效措施。并按照预案组织开展应急救援演练和总结。

为提高全员应对突发事故的救援能力，增强各专业队伍的协调作战能力，站后总包部组织各标段开展综合应急演练活动，包含轨行区事故应急演练、触电应急演练、消防应急演练等演练内容，详细讲解消防器材使用、应急抢救、消防相关知识，安排作业人员进行实际操作和演练，从而实现作业人员在现场的安全救援能力。应急演练如图 4.3-13 所示。

在防汛工作管理方面，根据江苏省安全防汛工作紧急会议和贯彻落实会议精神和省、市领导指示，站后总包部编制了《防汛应急预案》，切实抓好排水和防汛措施，确保安全度汛。根据编制的《防汛应急预案》，站后总包部要求各标段结合防汛应急救援方案内容，建立防汛值班表，安排专人对各站点险情的地方进行督导检查及排险，如图 4.3-14 所示。

（8）安全信息化管理

站后总包部构建了智慧工地管理平台，将安全检查、人员教育、作业许可、安全验收等关

图 4.3-13　开展应急演练

图 4.3-14　开展汛期防汛工作

键环节纳入信息化管理。借助该平台及其配套的手机 App，实现了安全生产管理的数字化，请点施工管理的便利化，促进了信息共享、流程规范化，并显著提升了工作效率。

实施了视频监控系统覆盖轨行区，从而使得办公室人员远程监控施工现场的状况和进度；特别在 35kV 电通后，轨行区的封闭管理，除出入口封闭管理外，还可通过手机 App，管理员得以随时随地访问系统，从视频端查看现场情况；同时，在服务器端安装了主控软件，确保本地人员也能实时查看视频监控数据。

运用云筑智联手段对安全隐患实施管理，现场发现问题直接拍照，描述隐患，提出整改要求并限定时间推送给责任人，责任人对隐患进行整改回复，指定人验证后形成闭环，并生成隐患整改记录。

在轨行区实现了全面的调度系统，通过隧道内的宽带专线接入，确保无线信号在全区域内无死角覆盖。在隧道的任何位置，工作人员都能使用智能手机进行工作交流，实现与外界的实时通信。鉴于轨行区施工队伍众多的特点，总包部开发了一款专用的语音对讲应用程序。旨在实现群组对讲功能，以便高效地传达调度指令。在列车运行或其他噪声较大的作业环境中，如果手机音量难以听清，专用网络对讲机将提供可靠的通信解决方案。

在轨行区安保措施上，站后总包部负责招聘合格的保安队伍，对轨行区进行 24 小时监管，对进入轨行区的作业单位进行检查登记，并对轨行区进行巡视，杜绝超范围施工，并确保工完场清。

出入口安装实名制管控系统，平台记录工人身份信息、技能培训情况、从业经历、诚信记录、奖惩记录等信息，形成"电子档案"；定期组织安全考核、上岗培训，提高工人安全施工意识和技能水平，落实劳动合同制度，规范工资支付，开展技能培训鉴定。

轨行区作业前，先到调度室请点，并登记签发《轨行区作业票》。下轨行区后，在各站点根据《轨行区作业票》在值班人员处登记，由轨行区值守人员开闭出入口，轨行区管理主要采取人员值守制、视屏监控制、轨行区巡查制等，多种措施卡控轨行区施工生产与安全管理。安全信息化管理如图 4.3-15 所示。

图 4.3-15 安全信息化管理

4.3.5 商务管理

站后总包部商务管理内容:

（1）牵头各标段完成与相关单位的对接工作，介入概算调整工作，充分利用概算空间。

（2）协助各标段完成与相关单位的对接工作，充分利用技术空间。

（3）牵头各标段完成与建设单位领导、合约口部门领导的对接工作，争取建设单位相关领导的支持。

（4）牵头各标段完成与清单编制单位、审计单位的对接工作，取得相关外围单位的支持。

（5）统筹工程进度计量，围绕工期节点目标组织各标段编制计量收款计划。

（6）检查督促各标段根据公司文件对各标段项目部间接费用，每季度进行季度成本分析，将标段项目部各项开支公示，以便于标段对各自的费用开支做到有效管控，当开支按照工程进度超过一定比例时，对标段项目部进行示警，并及时抄报相关后台公司进度预控。

（7）督促各标段按照工程筹划，结合各专业概算清单及用户需求书的功能描述，完成量价分离、风险项识别工作，同时梳理出概算中的漏缺项，并积极与建设单位及设计单位沟通，在财审批价时，考虑相关漏缺项的费用增加。

4.3.6 物资管理

根据合同约定，3 号线物资分为甲供、甲控、乙购三类，站后总包部针对不同的物资进行分类管理，具体为：

（1）甲供物资

1）负责沟通及配合相关部门与建设方结算、资料移交等具体事务，同建设方投资方保持沟通联络，贯彻监督建设投资方物资采购和管理的各项要求与规定。

2）负责督促各标段单位呈报物资设备需求计划及进场总体计划等各项资料；定期汇总各项计划，分析解决协调相关问题，组织相关会议。

3）负责监督、检查、汇总各标段按中建安装规定领用甲供物资。编制甲供设备材料表，为验工计价提供保管费计取依据、进场多方验收验证报验复检、现场储存保管领用、成品保护落实、与甲方定期对账、资质和质量证明资料技术资料的移交等工作。

（2）甲控乙供物资

1）负责参与、组织、实施甲控乙供物资的招标采购，编制或督促各标段提供设备材料进场计划、设备材料清单、招标文件的拟订、招标文件评审等。

2）负责监督各项物资设备合同的及时签订，落实甲控乙供物资的平台上线；收集汇总各单位设备材料排产计划；组织或参加设备材料的设计联络会议、排产单的会签、工厂监造等。

3）收集整理各单位设备材料合同原件，建档保管、备份备查。

4）定期上报资金计划，按期审核设备材料支付申请单，审查付款合规性合理性，按期上报合同履行情况及相关报表。

5）组织备品备件的移交处置工作，包括费用计取等工作。

6）配合各标段项目部做好工程量清单验工计价等相关工作。

（3）乙购物资

原则上由各标段自行采购，站后总包部主要负责审核物资需求总计划、监督各标段是否遵守公司制度规定、招标是否合规合法、督促各标段采购物资品牌报备、监督监控各单位及时履行合同，落实排产到货计划，按月报送供应商资金支付计划、按月审核各单位资金支付申请相关资料，及时推进付款工作、配合各标段项目部处理工程量清单验工计价与物资有关的相关工作。

（4）工程设备材料招标

1）站后总包部负责审核汇总各标段招标计划，组织协调督促各参建单位设备材料严格按计划招标，督促各相关方做好招标前技术准备，各类招标资料准备，招标相关事宜处理，不定期根据现场进度修改调整招标计划，确保招标进度满足实际需求；联合各参建标段参与招标的组织、评标、价格及技术洽谈等过程；对重要材料的定标结果，根据实际情况和需要，给出建议，进行协调。

2）根据设备物资分类，甲供物资由建设单位招标采购，各参建单位按需领用；甲控乙供由股份公司统一招标，相关品牌由建设单位确定形成，站后总包部组织协调各参建单位，编制需求计划、招标相关文件，按公司规定会签确认，提交总包方股份公司招标部门作为招标依据，站后总包部牵头组织，派出人员和各参建单位提前确定的相关人员参与招标相关过程，参与甲控乙供设备材料的评标和洽谈过程；乙购材料（特殊关键材料）涉及品牌质量外观等需要一致的，由站后总包部统一组织招标，在云筑网按公司相关流程实施招标；对各参建标段未及时招标材料，及时协调调整采购方式及采购渠道等。

3）由站后总包部组织的甲控乙供材料设备招标中，系统机电招标种类 11 项，常规机电设备材料 22 项，特殊设备标段 3 项，铺轨标段 6 项。

4）由总包部组织各参建标段参与的乙购材料招标涉及的材料种类计有 40 种。

（5）现场物资管理

1）站后总包部协调督促各参建单位甲供设备材料需求计划编制报送，督促甲供物资的排产到货、监督验收保管等流程，协调和组织生产供货等各项事宜。

2）掌握甲控乙供各类设备材料的排产到货情况，督促各参建单位及时定期（必要时到周）编制物资总体进场计划，根据实际情况及时调整计划，及时发现问题并及时协调，特殊材料编制专项计划，排查不能到货，保障按时按站点到货；对各类设备材料供应商不定期梳理排查，根据各参建单位发生及反映的问题，通过建设单位解决处理，必要时通过约谈、会议、进场监造等多方式协调解决设备延迟交货、不能到货等各类问题；根据现场进度和物资存储情况，及时帮助协调个别标段缺少的设备材料，通过标段间的互通有无解决材料临时短缺问题。

3）组织监督监控各标段设备物资的进场验证验收，各类质保资料的收集、存档，材料复检，向监理单位及时准确报验。

4）组织协调各标段建立健全仓库，为工程高峰期施工做好充足物资储备；监督各单位做好设备材料的仓储、标识、防火防盗等。

4.3.7　接口管理

接口管理是一个全盘规划、全面控制的逻辑性工程，对内关联几乎所有的专业，对外需同步协调市政管网、电力、防雷办、人防办、卫生防疫、消防等政府监管部门。

为推动徐州地铁 3 号线站后工程接口管理工作，做好站后工程各系统 / 专业与土建、市政管网、水务、电力等专业之间的施工衔接工作，确保接口工作顺利实施，项目开工前制定了《徐州 3 号线站后工程接口管理办法》办法。

（1）接口类型的识别定义

徐州市地铁 3 号线站后工程的接口分为 3 个类别。

1）站后工程 A 类接口指站后工程各专业与非 3 号线合同内 / 外部环境的接口事项，具体包括站后工程与总体设计、工点设计单位的接口；站后工程与外部施工单位的接口；站后工程与已开通运营线路换乘站点的接口；站后工程与地铁相关物业开发工程的接口；站后工程与甲供材料设备供货商 / 集成商的接口。

2）站后工程 B 类接口指站后工程各专业与土建专业的接口事项。

3）站后工程 C 类接口指站后工程内部各专业间的接口事项。

（2）站后工程接口管理流程及责任

针对地铁站后工程的特点，设置 3 个对口管理的工作组，对站后工程的轨行区施工管理、接口管理、车站地盘管理进行统一协调管理，确保站后各标段 / 专业施工有序、高效开展。接口协调管理体系如图 4.3-16 所示。

1）接口管理组织体系

2）站后工程接口管理流程及责任

A 类接口管理以建设单位发布的各类接口管理文件和技术文件为准，牵头 A 类接口相关的 3 号线各专业管理工作，相关标段做好接口配合工作。站后工程 A 类施工接口管理流程如图 4.3-17 所示。

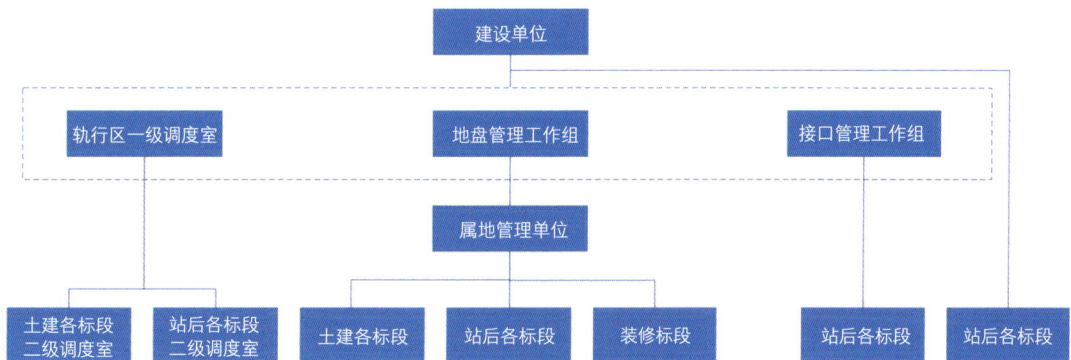

图 4.3-16　接口协调管理体系

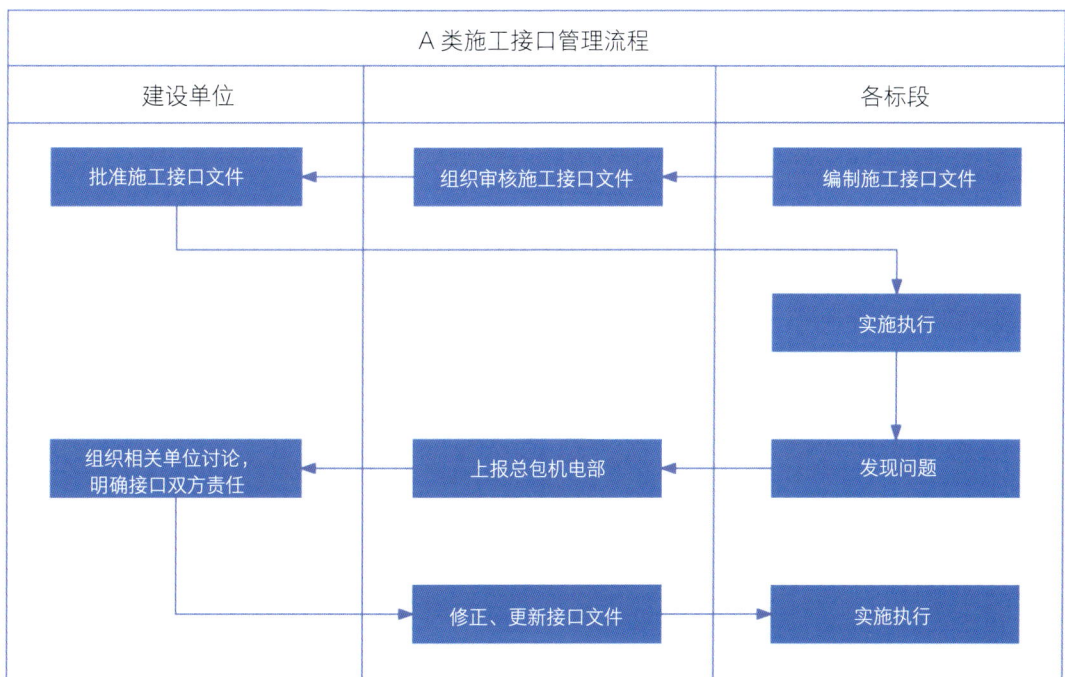

图 4.3-17　站后工程 A 类施工接口管理流程

B 类接口管理由建设单位统一协调，相关标段配合，对站后工程与土建结构、预留预埋等方面相互衔接部分进行统一管理。站后工程 B 类施工接口管理流程如图 4.3-18 所示。

C 类接口管理是对站后工程施工范围内各专业或系统之间在的施工界面、功能要求、规约协议等方面相互关联、相互衔接的部分进行统一协调管理。站后工程 C 类施工接口管理流程如图 4.3-19 所示。

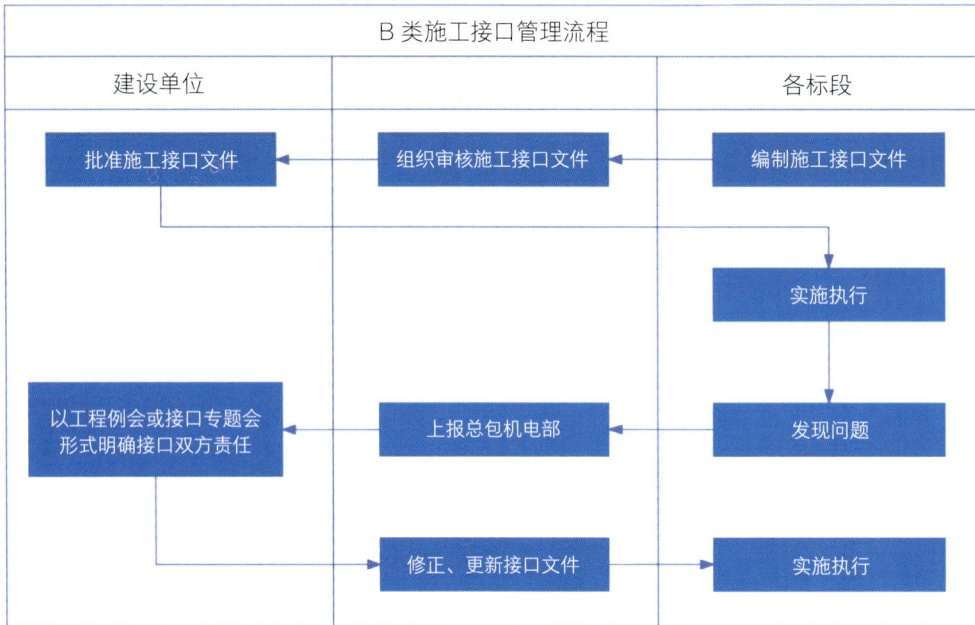

图 4.3-18　站后工程 B 类施工接口管理流程

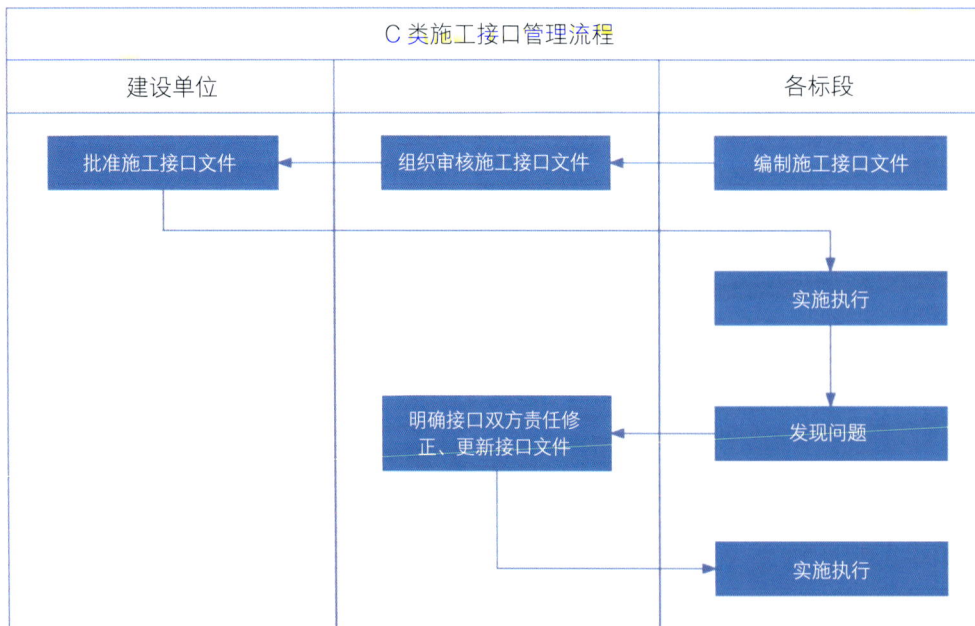

图 4.3-19　站后工程 C 类施工接口管理流程

（3）站后工程接口关系见表 4.3-7。

站后工程接口关系　　　　　　　　　　　　　　表 4.3-7

系统（专业）编号及名称		A	B	C	D	E	F	G	H
		在建换乘站点	市政管网	电力	网络运营商	已运营线路	地铁物业开发	材料设备供货商	土建
1	供电工程	△		△				△	○
2	接触网工程								○
3	通信系统	△			△	△	△	△	○
4	综合监控				△	△		△	○
5	信号系统				△			△	○
6	火灾自动报警系统							△	○
7	气体灭火系统							△	○
8	人防专业								○
9	自动电扶梯								○
10	屏蔽门工程								○
11	通风空调							△	○
12	给水排水消防		△						○
13	动力照明						△	△	○
14	设备区装修								○
15	轨道工程								○

注："△" 为 A 类接口，"○" 为 B 类接口。

4.3.8　轨行区管理

为加强轨行区施工沿线各参建单位的人员安全、财产安全，解决各施工作业面之间相互干扰、相互制约的矛盾，站后总包部规范施工安全管理责任，保证全线轨行区施工作业与动车调试，按照"集中领导、统一指挥、确保安全"的原则，有序展开各项工作。

轨行区管理范围包括：

车站：车站站台层的防护围栏以外区域（含上空）；

隧道：整个隧道内部空间；

高架：车站站台层的防护围栏以外的区域及区间；

车场线：出入段线、车辆段。

（1）轨行区管理机构

根据徐州地铁 3 号线项目管理模式和工程特点，为确保轨行区施工有序和行车安全，在轨道工程开工前建立全线轨行区调度室，各标段项目部建立二级调度室。轨行区调度室设调度长、计划调度主管、安全调度主管、行车调度主管各 1 人，日常管理工作由工程技术部负责。轨行区管理组织机构图如图 4.3-20 所示。

（2）轨行区施工与运输调度

1）施工与运输管理原则

轨行区内各项施工须遵守轨行区调度室的统一指挥，确保在占用轨行区时间和空间上满足作业关系顺畅、无交叉的原则，做到"两个兼顾"和"三个确保"。其中两个兼顾是：工程运输与工程施工的兼顾、重点施工与适当安排一般施工的兼顾。三个确保是：确保整个工程安全、确保工程按期完成、确保工程质量达到设计要求。

2）施工与运输管理机制

建立轨行区周调度例会和月调度会机制。周例会主要协调各二级调度室作业计划，并通报轨行区作业存在的问题；月调度会重点协调轨行区作业存在的问题，并对轨行区作业的各项违章行为进行处理。施工过程中出现重大作业协调、安全事项的及时开过程专题会解决。

3）轨行区安全管理

建立《地盘管理办法》并规定：二级调度室及各标段项目部主要管理人员需进行系统培训；各标段二级调度室负责对进入轨行区作业人员进行系统交底和培训；轨行区调度室安排专职人员每天组织专职安全人员对全线轨行区进行日常巡查；站后总包部不定期（至少每半个月一次）对全线轨行区进行系统排查。对检查中发现的问题，及时现场教育整改，并做好记录，根据相

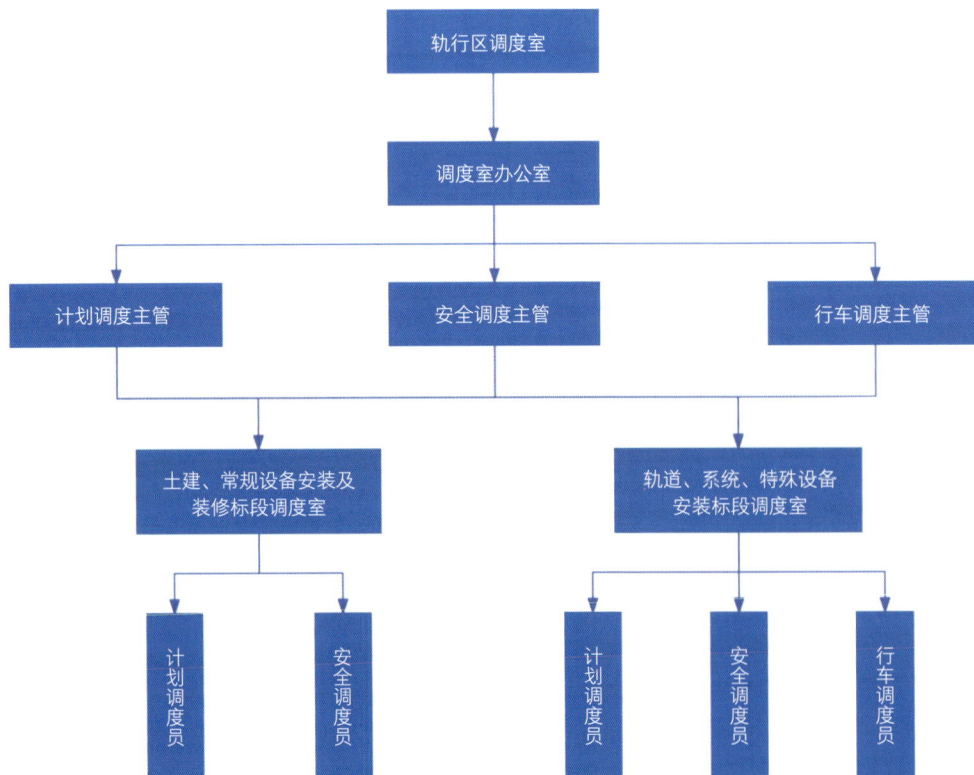

图 4.3-20　轨行区管理组织机构图

关规定进行处罚。

（3）轨行区照明及临时排水

1）轨行区照明：轨行区照明由轨道施工标段按用电安全规定负责隧道内24小时照明，在满足铺轨施工要求的同时满足其他系统专业隧道内施工的照明需要，采用低烟低卤的线缆架设，隧道正式照明启用后拆除。

2）轨行区临时排水：轨行区临时排水由土建施工标段负责抽排，至隧道正式排水系统启用为止，移交铺轨标段后，联络通道泵坑内积水由铺轨标段抽排至就近的站台板两端泵坑内，确保轨行区施工用水、隧道渗漏水、地表水经由车站预留孔洞、出入口和风亭等进入轨行区的积水得以及时排出，有效保护轨行区设备安全。

（4）轨行区其他管理重点

1）根据轨行区的建立与系统工作转变，轨行区管理划分为轨道施工阶段、系统安装阶段两个阶段。

2）轨道施工阶段管理：轨道施工以短轨通、长轨通为主要施工节点，合理调度轨道车、铺轨小吊等机械设备，确保行车安全，临时用电安全、现场文明施工管理符合相关要求。在长轨通时，铺轨标段负责向系统设备安装标移交地盘管理权及临时照明线路，做好过渡期的相关管理工作。

3）系统安装阶段管理：在轨行区管理过程中，将整体工程进度放在首位，及时提供限界检查、冷滑、热滑、试运行演练等工作所需要的轨行区条件。做好电客车上线热滑等工作的各项调度配合工作；做好轨行区移交过渡期各项管理工作。智慧工地中的轨行区管理模块如图 4.3-21 所示。

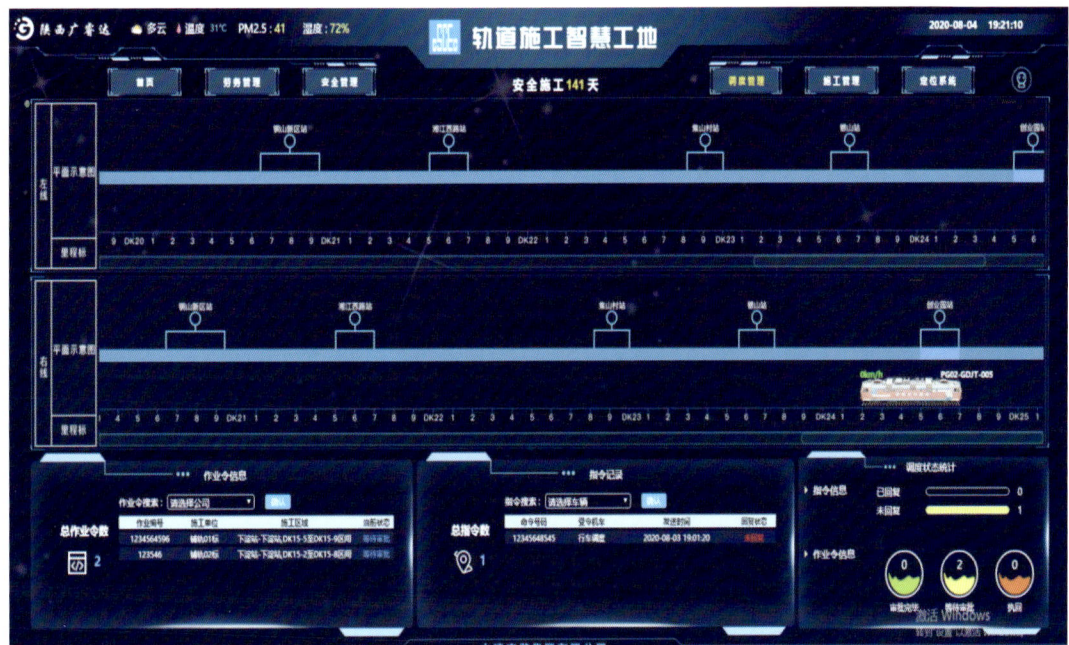

图 4.3-21　轨行区管理模块界面图

4.3.9　车站地盘管理

为保证车站施工安全、优质、有序高效地进行，站后总包部规范现场管理，在土建单位移交后由常规机电专业所在标段担任车站属地管理单位，管理车站内（不含轨行区）的属地管理工作。

（1）属地管理单位职责

1）履行属地管理专项方案及实施细则，落实属地管理办法各单位职责，统筹管理施工现场各参建单位安全文明施工。

2）与施工单位签订《安全文明施工协议》《临时用水（电）协议》，协调各单位施工场地、施工用水、用电。

3）进行车站总工期、总体施工计划的安排及进度控制，协调其他承包商施工工序安排。

4）统筹车站各专业统一技术、质量标准。

5）车站垃圾的管理和清理。

（2）实施细则

1）临时设施布置

属地管理单位根据各站点的施工场地临设方案（投入费用根据各参建单位建安费用占比进行分摊）布置临时设施；其中包含现场的临边防护、临时用电及临时用水管线、车站的排水设施、消防设施、车站地面的垃圾池、车站进出场的工人实名制考核系统以及现场的CI布置。

2）现场协调管理

各参建单位必须落实属地管理单位备案制度，与属地管理单位对接，服从属地管理单位统一协调管理，现场配合属地单位做好现场安全文明施工管理。根据现场协调的总体安排，提交各自施工计划，并配合属地管理单位编制车站现场施工进度计划和各工序衔接安排，并细化自身专业工序计划，在实施过程中，做好与各专业的配合协调。属地管理单位以周例会、现场协调形式，及时协调解决参建各方在属地施工过程中出现的问题。

3）现场安全防护

属地管理单位负责施工现场的洞口临边防护（含地面风井口、出入口，梯道，预留管沟如电缆夹层、孔洞口等部位）、临时用电、临时照明（包括梯道、设备区走道、商业开发区、站厅站台公共区等区域）、消防（含灭火器、消防临时给水、应急照明、疏散通道指示灯等）、视频监控（包括出入口、隧道口等监控关键部位）、保安等安全设施的设置和维护，保证整个施工过程安全防护设施性能良好、牢固稳定。

因施工原因需要拆除防护，应提前一天填写拆除申请，经属地管理单位现场确认，并审批完毕后，方可拆除。拆除单位作业期间内应有临时防护措施，并有专人看护。下班前、完工后应立即恢复，必须牢固稳定，防护完成后应与属地管理单位确认，确认无安全隐患后方可消除申请。

4）施工现场出入口管理

施工现场实行封闭式管理，出入口由属地管理单位设置门卫及人脸识别系统。进入现场所有施工人员必须佩戴本单位胸卡，胸卡由各施工单位自行办理（盖项目章），人员信息必须到属地管理单位进行录入。进入施工现场的作业人员必须着装统一，正确佩戴安全帽，否则保卫人员有权禁止其进入施工现场。

所有进入施工现场的作业人员均需登记。对需进入工地的非施工人员（如监理、业主、厂家、采访人员等）须先接受安全教育，经属地管理单位登记后方可入场，严禁闲杂人员进入施工场地，不听劝阻者保卫人员有权将其逐出施工现场。

物资只进不出，如物资离场必须由物资所属项目部办理物资离场许可单（见附件四），并得到属地管理单位现场负责人的签字，交至门卫保安人员存底，经核对清点无误后，方可将物资运离施工现场，否则门卫人员及工地保安人员有权扣留。作业人员出场时须接受门卫保安人员检查。

保证出入口保持畅通整洁，附近不得有堵塞、堆放物资、占用通道、漏撒等影响场容现象。

5）施工现场消防管理

属地管理单位应按照《建设工程施工现场消防安全技术规范》GB 50720 要求，配置消防安全设施，包括灭火器、临时给水、应急照明、疏散指示等，对电气焊等明火作业进行审批备案管理。

各参建单位是其施工区域的消防责任单位，对其材料堆放与加工、作业场地等配备必要的消防器材，挂防火责任牌、安全警示牌，严禁地下作业现场存放易燃易爆危险物品。施工现场消防器材严禁擅动、挪用或损坏。

施工现场内严禁吸烟，严禁点火取暖、加热物料。施工现场内焊、割等作业必须符合防火要求，严格执行相关的安全技术规程和各种安全管理制度。

施工现场发生火警或火灾，相关人员应立即报告现场负责人，并立即组织力量扑救。

6）施工现场临水、临电管理

属地管理单位应为场内各施工单位提供必要的电源、水源接口，站厅层、站台层两端和中间部位应至少各设置一个水、电接口。

属地管理单位根据各施工单位的申请，负责向其提供用水源、电源接口。施工单位根据在现场用水（电）的地点和容量等，在进场前向属地管理单位交纳水（电）费押金，施工单位施工完毕申请停水（电）后，在无拖欠水（电）费情况后全额退还。施工单位安装电表水表每月向属地管理单位缴纳费用。

属地管理单位负责为各施工单位提供公共区照明，在现场条件许可的情况下尽量为施工单位提供满足现场施工用电的便利条件，同时施工单位有义务对公共区域设置的照明设施和现场供电线路进行保护。属地管理单位只负责现场照明，各施工单位施工照明自行配置。

各施工单位应严格按照《施工现场临时用电安全技术规范》JGJ 46 实行分级管理。各单位应根据施工现场实际情况编制临时用电方案，按照规范要求完成审批程序后，报属地管理单位核准。属地管理单位和监理单位应加强临时用电现场日常管理，严禁出现使用护单线、电工线、普通拖线板等简易配电设施，必须采用三相五线制的电缆线，必须满足规范要求。

现场统一使用属地管理单位配置的防爆插头，严禁裸线接电。

7）施工现场违章处罚

属地管理单位对影响场地分配、公共设施配置、成品及半成品保护、安全防护、消防安全、交叉作业等安全文明施工的违章行为可下发属地管理现场处理通知单。

第三篇

精研细造　培育城轨智造新动能

　　中建安装始终围绕"创新、创优、创效"的总体要求，聚焦城轨智慧建造关键技术及智能化装备研究，深度探索"公司主导，多方协作"的科研合作方式，增强关键技术研发能力，培育高等级科技成果，并持续加强成果转化和应用。以徐州地铁3号线工程为示范载体，在城轨建造过程中注入"智造基因"，科技赋能城市轨道交通智慧建造。

　　搭建科创平台，汇聚创新合力。中建安装秉持开放与合作的态度，有序推进与高校、设计院、供应商等合作方的长期稳定发展，逐步搭建起以公司为纽带的科研创新平台。结合项目实际需求和公司科研方向，发挥各合作方在优势领域的专业技术和科研能力，汇聚创新合力，不断提升公司技术水平，铸就卓越的工程品质。

　　发挥技术优势，凝聚科技动能。中建安装在轨道工程、系统机电、常规机电等专业领域不断创新，形成了一套具有自主知识产权的城市轨道交通站后工程关键技术，总结提炼了城市轨道交通站后高效施工技术，彰显了中建安装在轨道交通工程建设领域的专业实力和技术成就。

　　创新成果落地，加速转化升级。中建安装沿着专业化、差异化发展的总体思路，将科研成果转化应用于工程项目，切实提高项目生产效率，持续创造良好经济效益，稳步提升企业社会影响力，不断拓宽市场份额，为公司构建"高精优强"新发展格局持续赋能。

第 5 章

搭建科创平台

汇聚创新合力

中建安装致力于搭建集关键技术研发、技术交流、内外协作于一体的科研创新平台，将自主研发与协同创新有机结合，发挥技术资源优势。依托徐州地铁 3 号线项目，全面聚焦项目设计、建造、安装各个阶段，与高校共研，行业重难点问题不断突破；与设计院对接，设计方案优化颇有成效；与供应商合作，协作研发产品推陈出新。

5.1　城市轨道交通轨行区大数据研究与应用

5.1.1　研究基础与条件

项目背景：徐州地铁 3 号线轨行区涉及专业多、交叉作业频繁，导致轨行区调线调坡较为困难。而传统的调线调坡技术需在洞通后进行断面测量，耗时长、精度低，无法满足项目"短轨通里程碑节点"要求，同时还制约着设备定制和限界检测。因此需研究一种新型的调线调坡技术，提升项目施工进度。

高校技术情况：深圳大学计算机与软件学院主要研究方向为点云数据处理、不确定性信息处理、统计学习理论和大数据机器学习等，其中点云数据处理和大数据机器学习契合轨行区大数据研究，为解决调线调坡问题提供了理论支持。

合作情况：利用高校的点云数据处理和大数据机器学习，结合公司 BIM 技术及设备制造能力，研究形成了城市轨道交通轨行区大数据应用技术，有效解决了调线调坡问题，并推动了轨行区施工及设备安装向数字化方向快速变革。

5.1.2　研究内容

（1）基于进化算法的调线调坡技术

利用点云数据处理技术，首先将洞通后的隧道进行点云扫描，获得点云数据；其次将点云数据分块并去噪，构建高精度点云隧道模型；然后截取模型断面上的 10 个关键点位，通过构建适应度函数，利用进化算法循环迭代，减少侵限点位个数；最终得到一套最优的调线调坡线路。高精度点云隧道模型如图 5.1-1 所示。

（2）轨旁设备定制

以处理完成的点云大数据及优化的设计线路为基础，利用 BIM 技术建立轨行区各类机电设备模型，生成相关设备尺寸，包括：各设备接口、疏散平台宽度、连接件、各个仪表在隧道系统中的具体位置，各类管线位置、数量、尺寸等，降低了设备侵限率，提升了预制安装精度。进而形成了轨行区无轨设备定制技术，可在轨道铺设前明确各类机电设备尺寸，用以指导设备

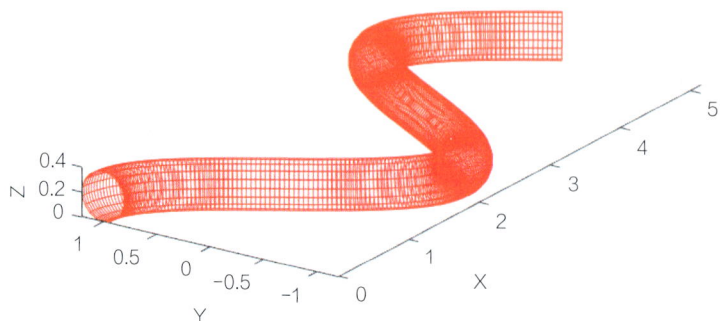

图 5.1-1 高精度点云隧道模型

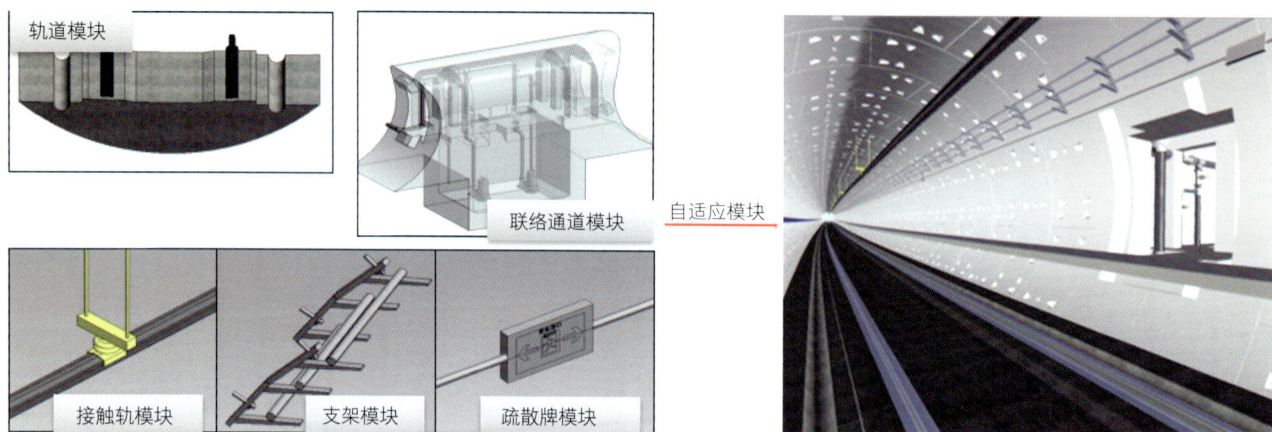

图 5.1-2 机电设备模块

的工厂化预制。机电设备模块如图 5.1-2 所示。

（3）无轨限界检测技术

利用 BIM 软件开展三维建模，依据地铁限界坐标系以及地铁限界标准构建出了模拟限界空间，并将可能侵限的特征点转换到限界空间中，进行轨行区列车动态运行模拟，从而完成对特征点侵限的判定，将所有侵限的位置用红线标出，更加直观地能排查侵限位置，实现图像采集、存储、处理、分析和显示的功能，形成了无轨限界检测技术，可实现无轨列车限界检测及侵限点位自动化标记。轨行区列车动态运行模型如图 5.1-3 所示。

5.1.3 应用效果

本成果获授权发明专利 12 项，实用新型专利 7 项，论文 4 篇，其中 SCI 论文 1 篇，软件著作 8 项。相比传统的调线调坡技术，降低人工成本投入近 20%，地铁轨道工程调线调坡智能化效率提升 30%；轨旁设备可提前预制加工，节约工期近 30 天；无轨限界检测相较传统检测方法效率提升 2~3 倍。

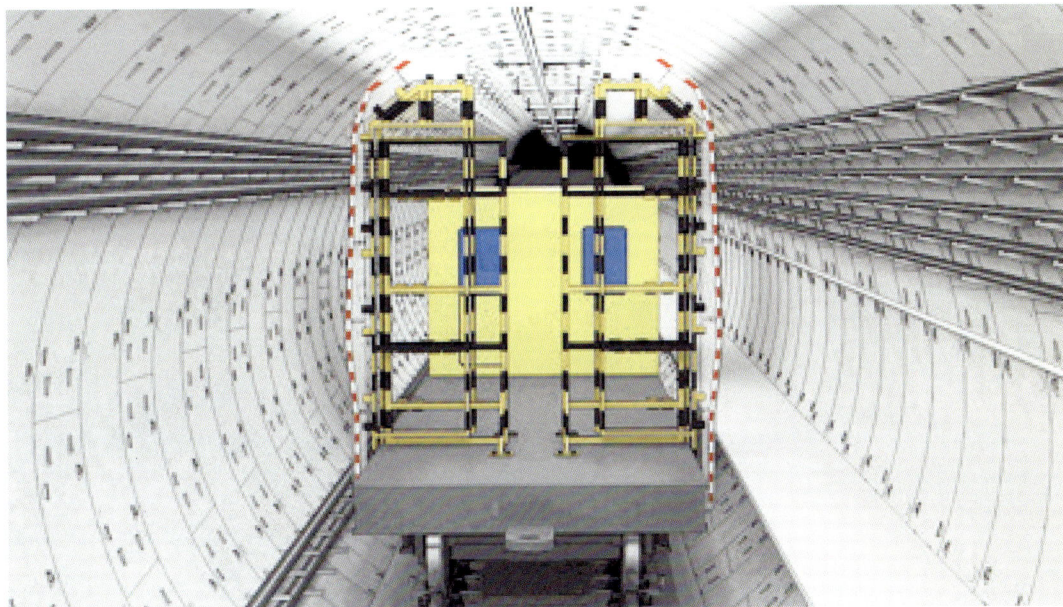

图 5.1-3　轨行区列车动态运行模型

5.2　接触网高效安装关键技术研究与应用

5.2.1　研究基础与条件

项目背景：徐州地铁 3 号线接触网悬挂调整量大，传统的调整方法采用常规的拉锯式调整方法，需要经过"测量—调整—再测量—再调整"，步骤繁琐，效率低，施工精度低，常依赖于施工人员的经验。因此需研究一种新型的接触网悬挂调整技术，提升项目施工效率和精度。

高校技术情况：石家庄铁道大学电气与电子工程学院的主要研究方向为电力系统、能源动力系统和城轨智能装备等，其中电力系统和城轨智能装备契合地铁接触网安装的研究。

合作情况：高校针对地铁接触网悬挂调整和接触网安装的施工需求，开发了接触网悬挂结构模拟计算软件，进行接触网悬挂装置精准预制，结合公司自主研发的接触网悬挂专用梯车，实现了接触网高效安装，为实现城市轨道交通机电工程标准化、智能化建设提供技术支持。

5.2.2　研究内容

（1）柔性接触网悬挂结构模拟计算技术

为了保证接触网施工精度，提升接触网整体观感质量，施工过程中需要对接触网进行一系列模拟计算，这些计算结果是施工现场安装的基础数据。

接触网悬挂结构模拟计算软件结合 BIM 技术，将外部测量数据和接触网悬挂结构各类控制参数输入后，可导出模型与图纸以及预配表；同时实现了柔性接触网腕臂、软横跨、吊弦选型计算等功能，解决了传统计算方法中无法直观显示计算结果的问题，提高了接触网计算的可视化程度，降低了计算的错误率，从而减少了材料浪费以及人工损耗。柔性接触网悬挂结构模

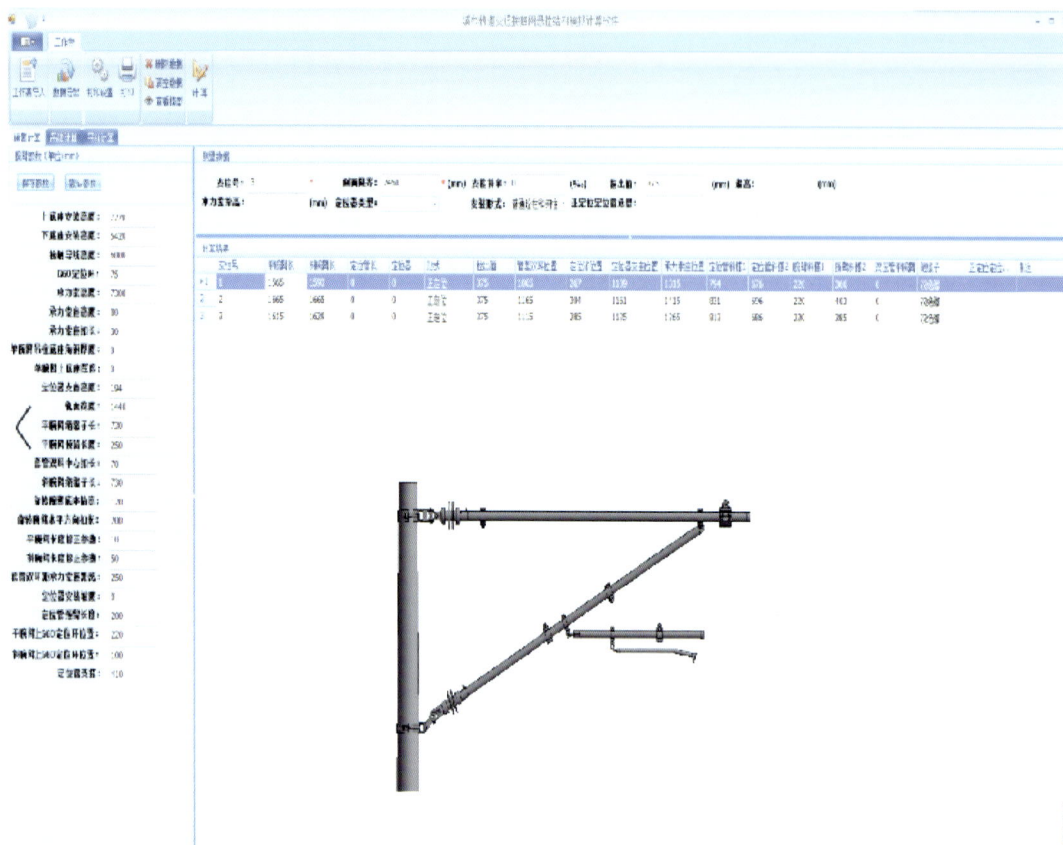

图 5.2-1　柔性接触网悬挂结构模拟计算软件界面图

拟计算软件界面如图 5.2-1 所示。

（2）柔性接触网高效安装施工技术

柔性接触网是由各种悬挂零部件及接触线组成的整体，技术人员通过现场测量获得每个悬挂点的参数，通过对参数进行计算，获取悬挂模型信息，然后对悬挂装置进行提前预配，可实现在现场的一次性安装到位。

（3）柔性接触网悬挂调整技术

柔性接触网悬挂调整是接触网施工过程中的重要工序，接触网安装精度直接影响电客车在行驶过程中的弓网关系。目前地铁柔性接触网悬挂调整通常采用拉锯式调整方法，此方法工效低，对施工人员经验依赖强。徐州地铁 3 号线研制了地铁正线接触网悬挂调整专用梯车，可实现在调整施工的同时对接触网参数实时测量，将传统悬挂调整步骤"测量－调整－再测量－再调整"优化为"测量－调整"，有效地提高了施工工效。悬挂调整专用梯车如图 5.2-2 所示。

5.2.3　应用效果

本成果获授权发明专利 4 项，实用新型专利 5 项，论文 3 篇，软件著作 2 项，模拟计算

图 5.2-2　悬挂调整专用梯车

软件和专用梯车相结合，实现了悬挂调整及接触网参数测量的同步实施，工效提升 2 倍，人工成本由 18 人工日 /km 降低至 6 人工日 /km；通过接触网悬挂定制，工效提升 3 倍。

5.3　新型双层非线性减振扣件的应用

5.3.1　初步设计情况

徐州地铁 3 号线途经徐州火车站、淮海广场、铜山中心等人群密集商业群，环评要求达到减振效果 5 ~ 10dB，初步设计采用 GJ- Ⅲ 型双层非线性传统减振扣件，正常载荷下刚度较高，隔振降噪性能较差；上铁板、板下垫、下铁板硫化粘接为一体，不可拆卸，在运维过程中，局部损坏需全部更换，导致运营维护成本较高。

5.3.2　优化过程及措施

从徐州地铁 3 号线全寿命周期的层面出发，为降低扣件运营维护成本，与业主、设计院、供应商等共同组建深化设计团队，以协同创新的方式将原设计扣件更换为"可拆卸式上部锁紧式双层非线性减振扣件"，其由上铁板、板下垫、下铁板、轨下垫、底板连接套等组成。相比传统减振扣件，该扣件在正常载荷下刚度较低，从而具有较好的隔振性能；同时能够使扣件在受到大载荷冲击时获得较大的刚度，将钢轨变形抑制在一定范围之内，可保证线路的安全性；另外，该扣件的锁紧结构采用旋转式锁紧方式，当板下垫长时间使用发生弹性失效后，将底板连接套旋转后即可将其拆卸，板下垫维修更换方便，降低了扣件的全寿命周期成本。

5.3.3 应用效果

通过测试数据表明，该新型减振扣件在满足安全性要求的同时，还具有良好的减振降噪性能。相比传统减振扣件，道床中心总振级垂向振动降低了 1.1dBZ，横向振动降低了 2.2dBZ；垂向减振效果达到 8dB 以上，列车内噪声降低了 2.4dB，减振降噪效果显著，同时有效降低运营维护成本。双层非线性压缩扣件截面示意如图 5.3-1 所示。

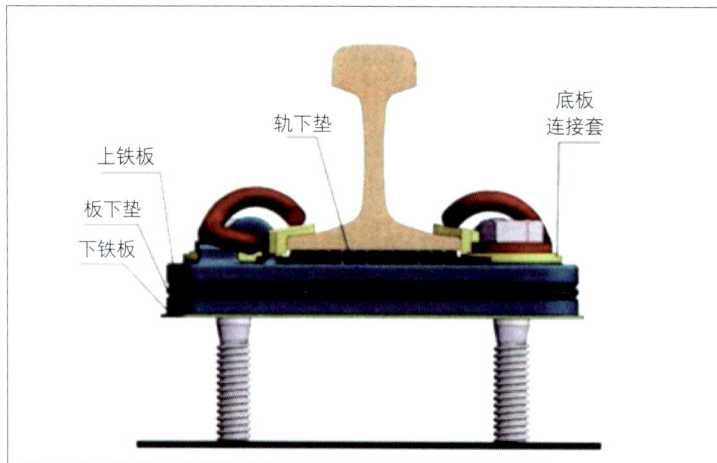

图 5.3-1　双层非线性压缩扣件截面示意图

5.4　新型道岔结构的应用

5.4.1 初步设计情况

徐州地铁 3 号线正线及辅助线 60kg/m-9# 单开道岔 21 组，60kg/m-9# 道岔 5m 间距交叉渡线 2 组，初步设计直基本轨的工作边采用常规设计，不刨切，尖轨轨距 1435mm；转辙器、滑床板及护轨垫板连接孔设计成圆形孔，轨距调整范围较小；调高垫板厚度单一，无法实现无级差调整范围。

5.4.2 优化过程及措施

从徐州地铁 3 号线全寿命周期的层面出发，为延长道岔结构使用寿命，降低运营维护成本，与业主、设计院、供应商等共同组建深化设计团队，以协同创新的方式将紧贴曲线尖轨的直基本轨的工作边刨切 3mm，增加了曲线尖轨前部轨头厚度，提高了尖轨的使用寿命；在减小尖轨前端直线长度的基础上，增大了半切点顶宽，减小了转辙角，尖轨轨距加宽 3mm，减缓顺向出岔对基本轨的冲击与磨耗。转辙器、滑床板及护轨垫板设置偏心套，偏心套的结构中心与开孔位置设置一定的偏心距，通过拧入螺钉实现偏心套与对应下方的铁垫板形成连接，以实现扣件系统的位置适应于下方铁垫板的位置调整，进而满足轨距的调整要求。在扣件的轨下、板下设置厚度可调的调高垫板，通过增减调高片，调整垫板高度，增加道岔的调高范围。

5.4.3　应用效果

优化尖轨部位的设计线型，减缓顺向出岔对基本轨的冲击与磨耗，提高尖轨的使用寿命；道岔结构轨距调整能力增强，轨距调整范围为 –13 ～ +10mm；道岔的调高量增大，调高量为 –4 ～ +26mm；优化了道岔区整体刚度，增大了道岔区稳定性。道岔线型优化如图 5.4-1 所示。

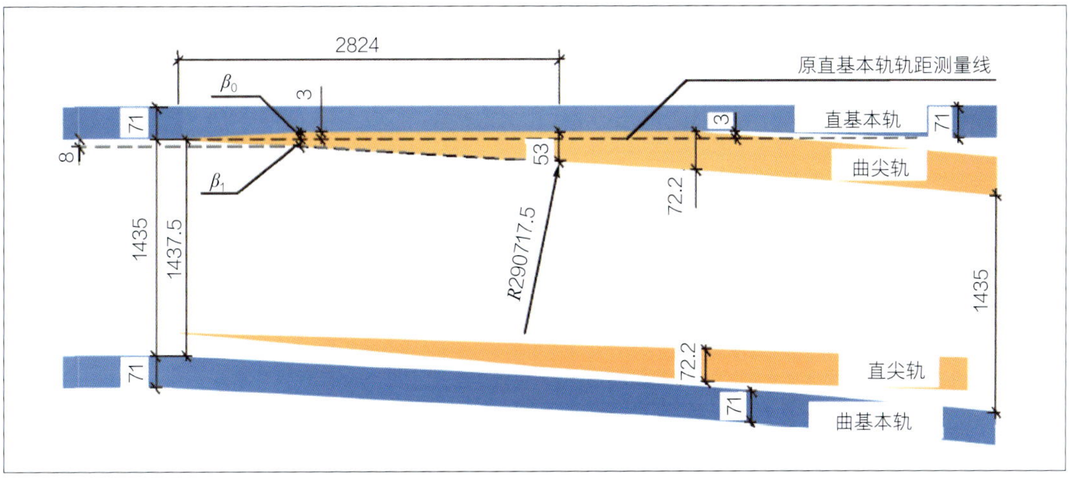

图 5.4-1　道岔线型优化

5.5　新型扣件复合垫板的应用

5.5.1　初步设计情况

徐州地铁 3 号线麦楼站区段为高架段，由于温差造成梁与钢轨间变形位移，产生作用力，因此在铺设过程中要求扣件系统的防爬阻力不得大于 4kN，以满足钢轨在热胀冷缩时的变形需求。初步设计采用传统的不锈钢复合垫板，整体刚度调整能力差，很难满足施工要求，同时在使用过程中容易发生锈蚀，降低甚至失去减摩层应有的功效。

5.5.2　优化过程及措施

从徐州地铁 3 号线全寿命周期的层面出发，减小温差应力对钢轨造成的损害，与业主、设计院、供应商等共同组建深化设计团队，以协同创新的方式将不锈钢复合垫板更换为热塑性聚酯弹性体复合垫板，垫板下部平面为橡胶弹性层，与热塑性聚酯弹性体减摩层无缝粘接形成复合垫板，垫板上部为平板且设置了数个凸起柱，凸起柱在受到外力时具有明显的非线性特点，减摩层具有较低的摩擦系数，增加了列车经过时的道床系统安全性能和稳定性。同时热塑性聚酯弹性体具有化学稳定性和耐腐蚀性，增加了道床的使用寿命，减少了养护维修工作量。

5.5.3　应用效果

在麦楼站附近区段铺设，根据运营单位反馈，试验段内小阻力扣件及其各部件完好无损，经现场测量，螺母扭矩衰减不明显，平均轨距扩大 3.2mm，钢轨无胀轨，无脱轨现象，提高了整体刚度调整能力，满足了施工要求。热塑性聚酯弹性体复合垫板扣件如图 5.5-1 所示。

图 5.5-1　热塑性聚酯弹性体复合垫板扣件

5.6　再生能量制动吸收装置的应用

5.6.1　初步设计情况

徐州地铁 3 号线相邻两个地铁站间距较短，运营过程中列车启动和制动的频率较高。但是，初步设计中未设置能量吸收装置，列车制动时产生大量的能量不能回收，并导致电网电压升高，影响列车运行安全。

5.6.2　优化过程及措施

从徐州地铁 3 号线全寿命周期的层面出发，经过市场调研，与业主、设计院、供应商等共同组建深化设计团队，以协同创新的方式，选定满足使用功能的设备，最终采用了中压能馈型再生制动能量吸收装置，将双向变流器、变压器、开关柜等构建成一个双向变流机组。机组与既有的二极管整流机组并联，能够将列车制动时多余的能量反馈回中压交流电网中，进行回收再利用，节约了业主用能成本。

5.6.3　应用效果

再生能量制动吸收装置回收的电能占牵引用电量的 11%～14%，再生能量制动吸收装置投入运行后的节能效果显著，为列车运行节约电能约 5%，取得了良好的社会经济效益。再生能量制动吸收装置如图 5.6-1 所示。

图 5.6-1　再生能量制动吸收装置图

5.7　电能质量监测装置的应用

5.7.1　初步设计情况

徐州地铁 3 号线的供电系统在初步设计中采用传统电能系统，存在系统谐波、三相不平衡、暂态 / 瞬态、电压波动、电压闪变、供电偏差等电能质量问题。应用电能质量监测系统，能为地铁运行提供高质量的电能，保证电能系统的稳定和列车运行的安全。

5.7.2　优化过程及措施

经过市场调研，选定满足使用功能的设备，并与业主、设计院、设备厂家进行对接，最终应用了一套城市轨道交通电能质量监测系统，集远程抄表系统和监控管理系统于一体，完成城市轨道交通能耗设备的实时数据采集和监控。电能质量监测系统对整个地铁运行系统电能质量情况进行实时监测，可及时发现电压偏移、谐波、异常电能消耗和系统越线等问题。一旦发现异常问题，可借助终端通信设备将问题反馈给检修人员，以便检修工作的及时有效开展，为地铁电能的平稳提供保障。同时，提高了设备维修效率、降低了设备维修成本、合理规划配电系统。

5.7.3 应用效果

电能质量监测系统可实现交流采样 112 路，监测方式灵活；能实现高达 51.2kB/s 的采样率，精确捕捉各种微小电能异常；通过光纤实现纳秒级扩展通信，实现电气上的可靠隔离，保障了系统运行的电能质量。电能质量监测系统装置如图 5.7-1 所示。

图 5.7-1 电能质量监测系统装置

第 6 章

发挥技术优势

增强创新动能

经过南宁地铁 2 号线、长沙地铁 4 号线、徐州地铁 1 号线等多条线路施工经验的积累，中建安装聚焦数字化、智能化、绿色化和工业化，紧紧围绕徐州地铁 3 号线的工程特点及施工需求，在轨道工程、系统机电、常规机电等专业的关键技术上实现了突破，并在徐州地铁 3 号线成功应用了场段模具代位无轨施工技术、接触网无轨测量施工技术等 7 项关键技术，取得了良好的社会经济效益。

6.1 场段模具代位无轨施工技术

6.1.1 研究背景

徐州地铁 3 号线银山车辆段的场段柱式检查坑 28 股道，铺轨长度 7.82km，施工工期紧张、工程量大，场段库内柱式检查坑常规施工工艺是采用"架轨法"技术，存在人工架轨难度大，安全风险高，施工工效低等弊端，银山车辆段多专业交叉施工，场地受限，钢轨不具备运输至施工现场，因此研发了一种"模具代位"无轨施工技术。

6.1.2 研发内容

在铺轨基地加工轻量化代位模具，利用代位模具无缝钢管位置预先固定扣件大螺栓位置，在不需要架轨情况提前施作立柱，待立柱混凝土强度达到设计强度后，将代位模具替换成正式扣配件，架设钢轨，线路精调。

（1）轻量化代位模具加工

采用角钢、扁钢、无缝钢管等型材加工精密模具，详见图 6.1-1，将螺纹钢筋焊接于长角

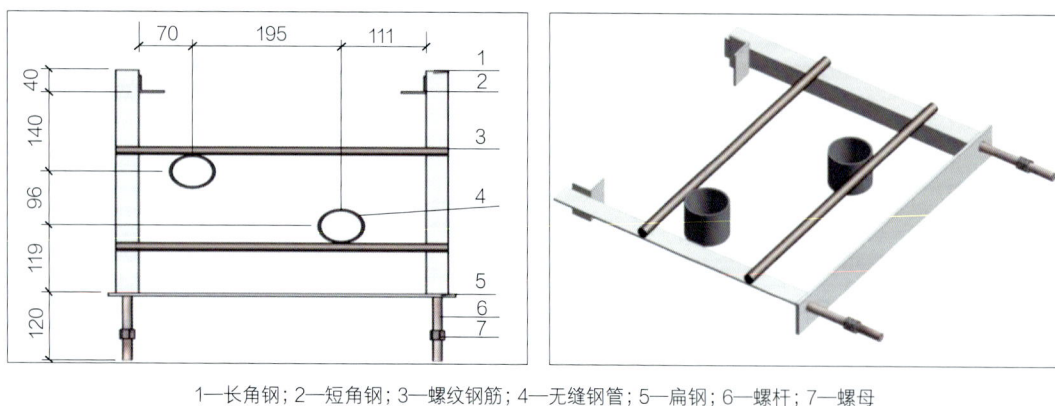

1—长角钢；2—短角钢；3—螺纹钢筋；4—无缝钢管；5—扁钢；6—螺杆；7—螺母

图 6.1-1 代位模具加工图

钢之上，用于定位扣件螺栓孔横纵向位置；将无缝钢管与螺纹钢筋点焊连接，用于扣件螺栓孔位的定位；将扁钢采用螺杆和螺母与长角钢连接，用于固定模具。

（2）立柱钢筋、模板安装，代位模具精调

在场段内，利用设计单位移交的控制基标，先测设轨道铺设的加密基标，再进行立柱轴线测量放样，然后进行立柱钢筋绑扎和模板安装。随后将模板采用木楞固定，横纵向进行加固锁紧，再将代位模具固定于立柱模板上，采用螺杆和螺母进行紧固代位模具，使模具与模板密贴，最后采用弦线法对模具进行精调。模具安装精度满足表6.1-1要求，立柱钢筋模板、模具安装如图6.1-2所示。

（3）立柱混凝土浇筑，钢轨架设，线路精调

混凝土浇筑前，应复核模板位置及稳定性，立柱混凝土入模要分层振捣，捣固均匀，不漏振，振捣时避免触及模板。立柱强度达到设计要求时，进行拆模和立柱顶面修整，最后进行钢轨架设和线路精调。

模具安装检查项目及精度要求　　　　　　　　　　　　　　　　　　表6.1-1

检查项目	精度指标（mm）
螺栓孔位位置	±2
螺栓高程	±2
相邻模具平面偏差	±1
相邻模具高程偏差	±1

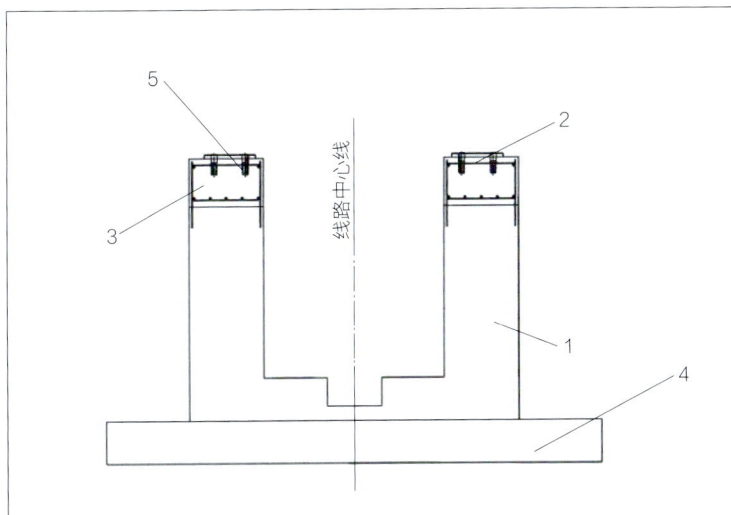

1—立柱；2—代位模具；3—钢筋网；4—地坪平台；5—预埋套管

图6.1-2　立柱钢筋模板、模具安装图

6.1.3　应用效果

本技术获发明专利 1 项，实用新型专利 1 项，省级工法 1 项，规避了人工架轨施工难度大，安全风险高，精度低等问题。实现了"模具代位"无轨化施工，相比常规"架轨法"施工方法工效提高 80%，节约施工成本 30%，具有良好的社会经济效益和推广应用价值。库内柱式道床成品如图 6.1-3 所示。

6.2　自由设站控制网数字化精调技术

6.2.1　研究背景

徐州地铁 3 号线铺轨施工中，原设计控制测量是采用传统的铺轨基标测量法，需要较多人工，且精度较低。为解决以上问题，站后总包部联合施工标段通过引入高铁 CPⅢ 轨道基础控制网构网理论，研发了自由设站控制网数字化精调技术，并建立适用于地铁工况的自由设站控制网，借助轨检小车等轨检仪器，实现地铁数字化精调。

图 6.1-3　库内柱式道床成品图

6.2.2　研发内容

（1）自由设站控制网构网设计及布点

自由设站平面控制点一般沿线路按 30～60m 成对布设，特殊情况下，地铁曲线半径 ≤ R300 的情况下，需加密布设。布点高度要综合考虑站后设备、管线、通视条件等影响因素，一般高于轨面 0.7～1.2m。自由设站平面控制网构网示意如图 6.2-1 所示。

在布设自由设站平面控制点的同时，在隧道侧墙或管片上沿线路每隔 200～250m 布设水准点，并组成自由设站高程控制网，布点高度在轨面以上 10～15cm，且需满足几何水准联测的要求。

（2）自由设站控制网测量

1）平面控制网测量

自由设站控制网采用自由设站边角交会的测量方法，每个自由测站观测 4 对控制点，测站间重复观测 3 对控制点，每个控制点有四个自由测站的方向和距离观测值，具体测量方法如图 6.2-2 所示。

平面测量时，水平方向采用"全圆方向观测法"；距离测量时，采用"多测回观测法"。边长测量时，应实时在全站仪中输入温度和气压进行气象元素修正。自由设站控制网两端需通过两个以上测站，对车站的起算点进行联测，中间测站每隔 300m 左右联测精密导线点，如图 6.2-3 所示。

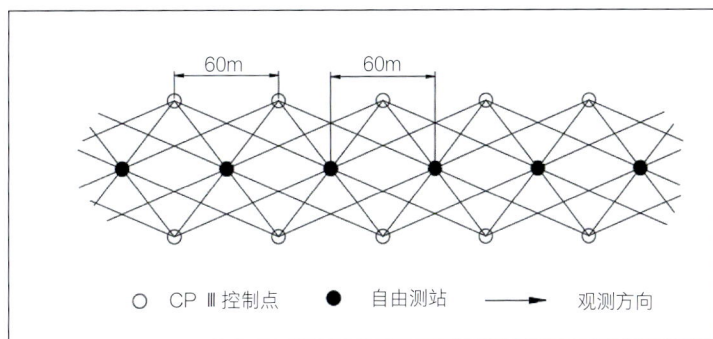

图 6.2-1　自由设站平面控制网构网示意图

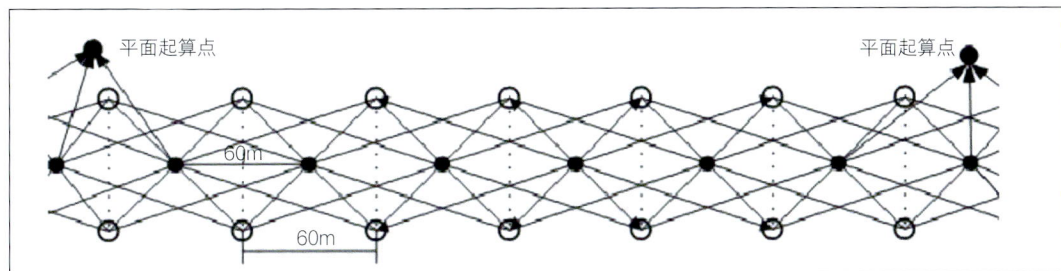

图 6.2-2　自由设站控制网平面测量示意图

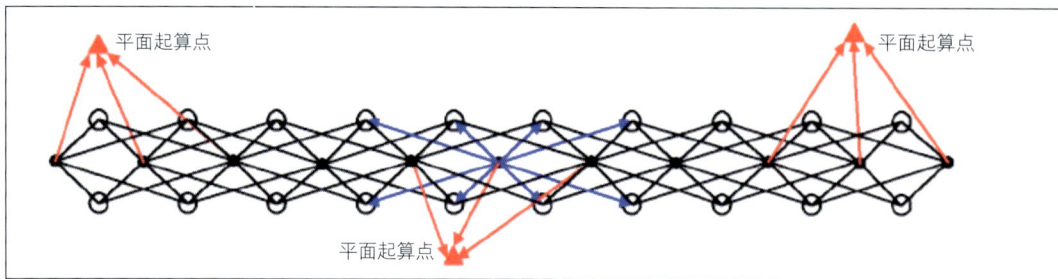

图 6.2-3　与起算点和精密导线点联测示意图

2）高程控制网测量

将车站两端引入的水准点作为高程控制网测量的起算点，采用三角高程测量与平面测量方法合并进行，水准路线闭合长度不大于 2km。

高程控制网测量方法采用如图 6.2-4 所示，每 300m 左右联测既有水准点，采用独立往返水准测量方法进行联测。

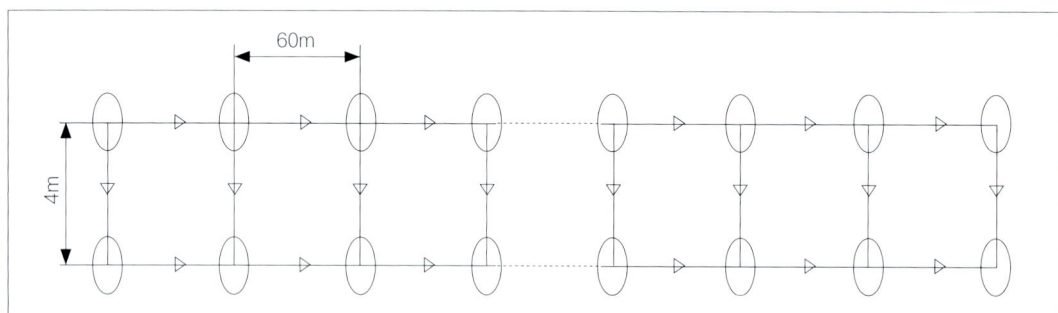

图 6.2-4　自由设站高程控制网测量示意图

3）平面控制网平差

先采用独立自由网平差，再加入两端起算点进行固定约束平差。自由网平差满足象限差要求后，对采用的平面起算点进行精度检核，然后进行平面约束平差，对各项技术指标进行统计分析，检核控制网约束平差的精度。区段之间衔接时，前后区段独立平差重叠点坐标值在 ±3mm 以内，满足该条件后，采用余弦平滑方法进行区段接边处理。

4）高程网测量平差

观测数据存储之前，对观测数据各项限差进行检验，检验合格后方可数据整理。自由设站控制网高程测量时，进行环闭合差和附着路线闭合差统计，并对每千米高差偶然中误差和每千米高差定中误差进行统计分析。相邻控制点的水准环闭合差不大于 1mm，相邻控制点间高差误差不大于 ±0.5mm。区段之间衔接时，前后区段独立平差重叠点高程差值允许偏差 ±3mm，满足该条件后，采用余弦平滑方法进行区段接边处理。

6.2.3 应用效果

本技术获国家发明专利1项，省级工法1项，利用高铁CPⅢ轨道基础控制网构网理论，建立了适用于地铁工况的自由设站控制网，同时配合轨检小车等轨检仪器，实现了地铁数字化精调，相比传统基标精调轨道，线路的平顺性优良率达90%以上，精调效率提升2倍以上。

6.3 全自动隧道钻孔技术

6.3.1 研究背景

徐州地铁3号线全线系统机电、常规机电、铺轨、综合监控等专业工程量大，需在隧道壁上大量钻孔，用于安装各类设备管线，所需钻孔合计约62万个。传统工艺主要依靠人工手持冲击钻打孔，钻孔质量难以保证；且部分安装孔的位置较高，需搭建临时脚手架或使用移动式升降平台，辅助作业时间长，作业效率低，高空作业多，安全隐患大。为解决以上问题，站后总包部研发并应用全自动隧道钻孔技术，结合先进检测、视觉跟踪与闭环控制等技术，实现了钻孔作业自动化。

6.3.2 研发内容

（1）隧道全断面6自由度钻孔技术

研发了空间机械臂钻孔执行机构，构建了机械臂姿态感知系统，通过对机械臂空间点位精确测量和计算，实现了全断面6自由度钻孔作业。机械臂打孔系统如图6.3-1所示，整体模型如图6.3-2所示。

（2）孔位智能化精确识别技术

基于图像识别和传感控制技术，构建区域视觉模型，计算机构空间坐标，自动控制机械臂

图6.3-1 机械臂打孔系统

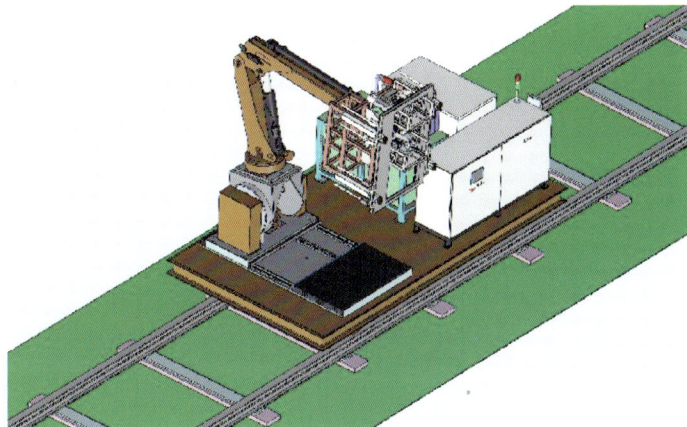

图6.3-2 整体模型图

自由运动，实现自主寻点和自动化钻孔。钻孔精度控制如图 6.3-3 所示。

（3）高效精确钻孔末端执行技术

钻孔末端机构安装直线位移传感器、力矩测量装置，可实时监测位移和力矩，有效保证钻孔深度和精度；钻孔末端配置双钻头，实现同步钻孔，提升钻孔工效。末端执行机构仿真图如图 6.3-4 所示，现场钻孔施工图如图 6.3-5 所示。

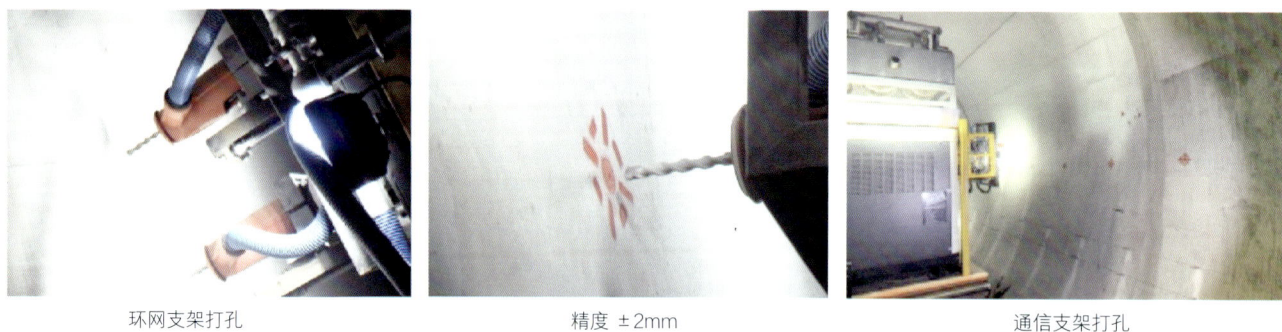

| 环网支架打孔 | 精度 ±2mm | 通信支架打孔 |

图 6.3-3　钻孔精度控制

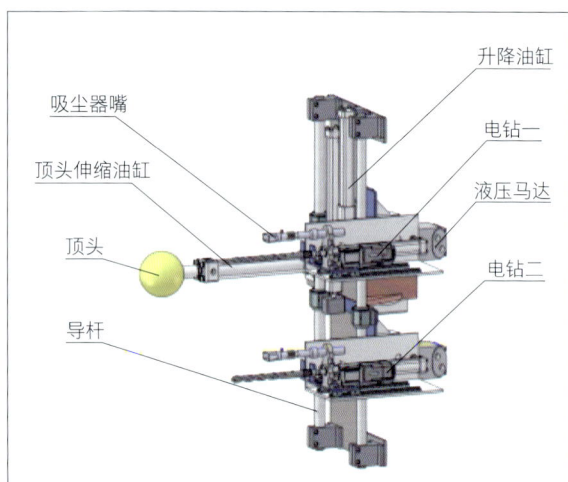

图 6.3-4　末端执行机构仿真图

图 6.3-5　现场钻孔施工图

6.3.3　应用效果

本技术获发明专利 6 项，实用新型专利 5 项，论文 2 篇，打破了传统地铁工程钻孔施工模式，提升了施工设备自动化水平，解决了轨道钻孔精度低、投入大等诸多问题。可实现钻孔位置与目标位置偏差小于 2mm，孔间距的相对位置偏差小于 5mm，方向偏差小于 1°，平均单孔作业时间小于 100s，创造经济效益 553.2 万元。

6.4　接触网无轨测量定位技术

6.4.1　研究背景

徐州地铁 3 号线隧道类型众多，轨道线路参数复杂，并且接触网施工受前置条件制约，部分区间绝对工期无法满足"接触网网通"关键节点的要求，急需一种新型接触网测量定位技术来代替传统的测量定位技术。为解决以上问题，站后总包部联合施工段，研发并应用了接触网无轨测量定位技术，实现在无轨条件下获取隧道轮廓数据及模拟轨道线路参数信息，根据跨距及补偿量将目标点坐标数据进行定位计算，得出接触网悬挂点坐标数据。

6.4.2　研发内容

（1）数据整理

核对正线刚性接触网平面布置图中的跨距、拉出值及锚段长度，确认无误后，将正线刚性接触网平面布置图和铺轨综合图设置在同一坐标系和比例下，通过调线调坡中的里程坐标信息，确定出各个刚性接触网定位点的坐标信息；通过轨面标高及超高信息，标定出对应位置刚性接触网定位点处的高程信息，将坐标及高程信息填入无轨测量施工表。

（2）测量放样

根据无轨测量施工表，在隧道底部放样出接触网定位点对应线路中心点，使用红色记号笔标注，设置全断面隧道仿真钢轨移动定位平台至标记位置，将小棱镜放置在仿真轨中心，测量该中心的坐标。对比中心坐标与设计坐标差值，移动仿真轨至设计坐标位置。根据无轨测量施工表，调整仿真轨道的超高至设计数值，在仿真轨道上架设 DJJ-8 接触网激光检测仪，根据接触网平面布置图所示拉出值定位悬挂位置。城市轨道交通全断面隧道仿真钢轨移动定位平台如图 6.4-1 所示。

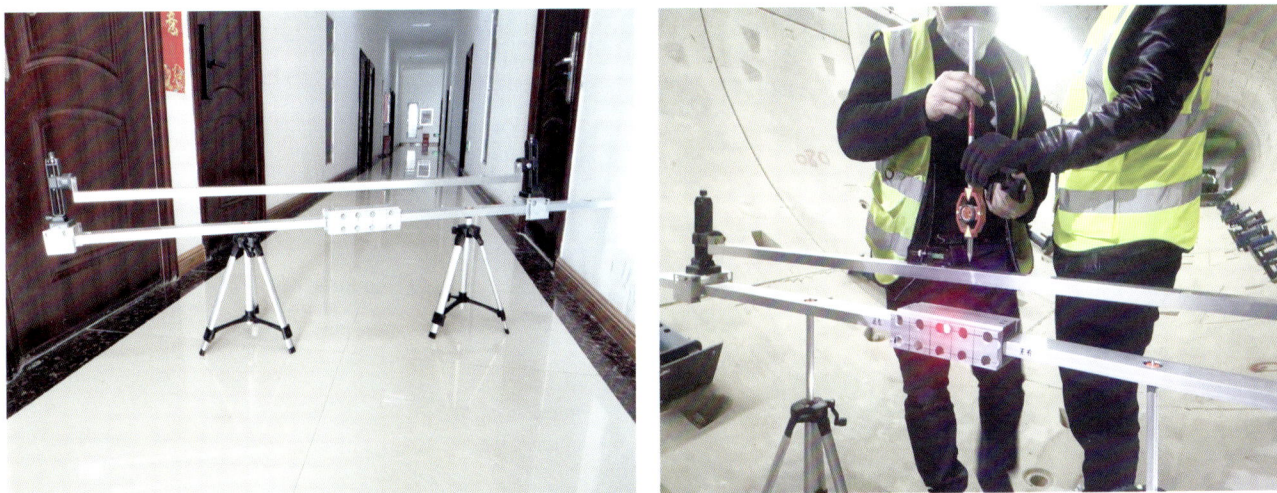

图 6.4-1　城市轨道交通全断面隧道仿真钢轨移动定位平台

6.4.3　应用效果

本技术荣获发明专利 1 项，工法 1 项，测量施工效率提升 53%，全线节省工期 30 天，节约人工成本约 105 万元，取得了良好的社会效益和经济效益。

6.5　模块化预制 + 装配式建造技术

6.5.1　研究背景

在徐州地铁 3 号线制冷机房的建设过程中，建筑、机电、装饰等不同专业的施工出现了严重的交叉作业，导致作业空间受限。站后总包部门针对地铁制冷机房的特殊性，提出了采用模块化预制与装配式建造技术相结合的解决方案。这一技术的应用不仅提升了管线施工的质量，还缓解了各专业间交叉施工的相互干扰，有效缩短了现场施工周期，并且提高了整体建造的质量。

6.5.2　研发内容

（1）BIM 技术应用

1）BIM 精细建模排布

技术人员依据制冷机房设计图纸、技术资料，充分考虑施工操作规范、施工工艺要求，建立了各专业模型。并根据厂家提供的产品样本，新建或进一步深化机电模型，形成了高精度模型构件。

排布过程中，运用 NavisWorks 软件进行碰撞检查，解决碰撞问题 66 处，调整实现项目 0 碰撞，提高了项目前期策划的效率，有效避免了管线冲突，减少了现场返工现象。

2）机房空间功能优化

结合设计院图纸，对制冷机房平面布置进行布局优化，通过将各类设备沿墙布置，调整了分集水器的安装位置，从而扩大机房内有效空间，并制定布置方案。根据设备布置方案，优化空间布局，并进行净高分析，在满足功能要求的前提下，实现美观的效果。制冷机房在管线的安装空间内进行合理优化，对管线按照桥架上，空调水管居下，其他管线居中的布置思路，进行分层布局，充分考虑房间过路管线和支吊架安装空间，合理布置管线，既满足施工需要，又方便操作检修。

3）施工漫游及方案模拟

根据 BIM 综合排布模型，对各区域进行漫游查看，辅助施工交底。在三维模型中对设备及水泵模块，进行模拟运输就位，论证所有设备及模块运输就位的可行性。根据模型，利用叉车结合倒链吊装就位，合理避开集水坑，主体结构和排水沟区域做好必要防护。管道按照自下而上，由繁到简的顺序进行拼装。

（2）工厂预制加工

充分考虑现场条件，按照建筑结构条件、机电管线布局、预留运输通道、机房设备基础、机械承载力及活动半径、人员操作空间、区域流水施工等条件，将机房管段进行合理拆分。基于 BIM 模型的高精度、可视化特点，将水泵、阀部件、管道、支吊架、减振台座等进行一体化整合设计，形成水泵单元模块组和管段单元模块。结合机房内的综合布置情况，装配单元的运输、吊装就位、安装条件等因素，设定模块和管段尺寸及重量，并进行二维码标记。项目形成了冷冻水泵整体模块 2 个、冷却水泵整体模块 2 个、冷机预拼装模块 1 组，模块最大外形尺寸 4230mm×3310mm×3000mm，最大重量 12t。

（3）现场装配施工

严格按照方案顺序自里向外，自上而下，先大后小的顺序开展装配式机房拼装，分别对分集水器区、冷冻水模块区、冷冻机组区和冷却水模块区依次开展装配式施工。设备和模块就位、支吊架安装需严格控制标高，各专业依据顺序依次施工。预留段随安装区域依次复核测量、加工安装。机房装配式构件，按照施工计划准时供应到场，并做好必要的运输防护。机房 BIM 模型与现场对比如图 6.5-1 所示。

图 6.5-1　机房 BIM 模型与现场对比图

6.5.3　应用效果

本技术获论文 2 篇，省部级工法 1 项，发明专利 2 项，实用新型专利 3 项，现场的支吊架安装、管道安装管道焊接、阀门安装等施工内容转移至工厂预制完成，将机房安装工期缩短至 7 天。预制工厂的流水线式施工工序保证了焊口及配件安装精度，机房管道试压漏水率为 0。减少脚手架搭设，使用机械取代人员高空作业从而节省人工，高空作业减少 90%，减少了施工安全隐患，产生经济效益 181 万元。

6.6　机电吊顶集成模块化施工技术

6.6.1　研究背景

徐州地铁 3 号线常规机电吊顶施工初步设计采用轻钢龙骨吊顶工程施工方法，该方法交叉作业多，施工周期长，且过度依赖施工人员的经验，质量不易把控。为解决以上问题，提出了机电吊顶集成模块化施工技术。

6.6.2 研发内容

（1）模块化集成设计

使用 BIM 技术建立建筑结构、装饰、机电模型，对机电管线、末端设备及装饰装修进行综合排布，将吊顶划分成若干模块。结合现场测量的实际情况及天花吊顶点位需要、运输需求等对模块进行参数化优化，调整管线、机电终端、支架、龙骨等布设，进行施工装配模拟，来检查模块与模块之间、模块与墙体能否进行合理匹配，消除安装冲突，实现模块化集成。BIM 模型如图 6.6-1 所示。

（2）工厂化定型加工

根据深化图纸及建立的 BIM 模型，提取模型尺寸，进行模块支吊框架、管线及连接构件工厂化定型加工。

改变传统碳槽钢支架形式，采用重量轻、易拆卸的装配式管道支吊框架，同时在 C 型槽钢轴向加筋肋，来增强截面刚度，以确保运输、切割及安装时截面无变形，提高模块间对接精度，实现模块快速对接固定。空调风管采用彩钢酚醛复合风管，具有结构轻、施工快、自带保温的特点，适合装配式吊顶施工。风管与风管间的管段，采用法兰专用插接件连接。空调水管、消防管，采用最新式薄壁碳钢管，具有重量轻、抗压能力强、易施工、拆改方便等特点。管路连接采用卡压接头，模块内管线与主管线对接采用定制卡压螺纹接头，大幅度提高施工效率，成型美观且承压可靠。电线管采用普通对接连接的 JDG 管，对接方便，操作简单。

（3）标准化程序安装

根据模型的尺寸和造型，选择合适的施工场地，并架设临时承载平台，进行支吊框架组装。

图 6.6-1　BIM 模型

模块的组装和机电管线的布设均在平台上完成，方便操作，可以循环利用。

设备及管线在综合支架上进行固定，吊顶内的设备定位后进行管线安装。模块内管线与主管线在对接过程中，定制卡压螺纹接头，使模块内管线与主管线顺利对接。

电气类配管和穿线，均可以按常规做法施工。配管采用薄壁 JDG 管，承插连接，方便快捷，不需要断开的模块内，可以将管线与设备连接完成，模块之间的线管连接需在模块固定后完成，再进行电线的穿装和设备接线。

综合支架作为精装的主龙骨，在其下连接布设支架型钢作为副龙骨。布设完成后将吊顶直接固定在模块综合支架上，实现吊顶的一体化安装施工。吊顶结构实物如图 6.6-2 所示。

图 6.6-2　吊顶结构实物图

6.6.3　应用效果

本技术获论文 4 篇，省部级工法 1 项，发明专利 1 项，实用新型专利 3 项，相比传统的吊顶施工方式，节约工期 10 天，节省材料 10 元 /m²；减少施工管理环节和机械调动运转费，节省项目日常管理费 5000 元 / 天和机械运维费 2000 元 / 天，经济效益为 50.8 万元。

6.7 "永临结合"排水及排污技术

6.7.1　研究背景

徐州地铁 3 号线沿线地质条件较为复杂，地下水位较高，这给施工过程中的排水及排污带来挑战。同时，由于线路经过的城市区域密集，施工空间有限，需要高效利用有限的空间资源。为了确保地铁线路长期安全稳定运行，在建设初期就需要考虑到运营维护的需求，提出了地铁工程"永临结合"排水及排污技术，不仅能够在施工期间发挥重要作用，还能作为永久设施的一部分，降低后续维护的成本和难度。

6.7.2 研发内容

（1）系统设计

将施工临时排水及排污规划，与工程的正式排水及排污系统进行结合，局部设置临时管道及阀门，形成整个地下室"永临结合"排水及排污方案的系统设计。

根据现场条件规划系统的整体布局，确保排水及排污管道的走向合理，便于施工期间使用和未来维护。同时设置临时泵站、蓄水池等，以应对突发性降水或高峰时段的排水需求。选择适合长期使用的高品质材料，确保系统的耐用性。

在设计阶段预留接口，便于将来与永久设施连接。考虑到施工便利性和未来维护的便捷性，确定接口的位置、尺寸和类型，确保接口能够满足永久设施的连接要求。

在关键位置安装传感器，用于监测水质和流量。集成自动化设备，如远程控制阀门、自动报警系统，可以在检测到异常时自动关闭，防止泄漏或污染，及时通知管理人员出现的问题，以便快速响应。

（2）转换翻新

对"永临结合"排水及排污系统设置的临时管道及阀门拆除，局部进行翻新，项目正式排水、排污系统方可投入使用。

1）临时设施拆除

根据施工图纸和现场实际情况，制定详细的拆除计划。遵循先外后内的原则，有序拆除临时管道、阀门等设施。确保拆除过程中采取必要的安全防护措施，避免对人员和周边环境造成伤害。

2）局部翻新

首先评估哪些部分需要翻新，包括管道、阀门、连接接口等；其次，对于需要更换的材料，选择与现有系统兼容的高品质材料；再次，制定具体的施工方案，包括施工时间表、施工方法等。

3）正式系统投入使用

对正式系统进行全面的调试，确保所有部件能够正常工作。其中系统性能测试包括压力测试、流量测试等，确保达到设计要求。在完成所有测试和评估后，正式启用排水及排污系统。

6.7.3 应用效果

本技术获论文 2 篇，省部级工法 1 项，实用新型专利 3 项。项目节省投入临时排水及排污资金 150.8 万元；"永临结合"排水及排污技术投入 201.7 万元；永久系统节约费用 168.5 万元；临时管道拆除费用 2 万元；正式材料延长质保费用 10.1 万元，共计经济效益为 105.5 万元。

第 7 章

推进成果落地

加速转化升级

中建安装紧紧围绕城市轨道交通智慧建造领域，聚焦市场和项目现场需求，切实将智慧建造技术、智能化装备等研究成果打造成业务新增长极。深入探索城市轨道交通智慧建造成果转化路径，并在徐州地铁 3 号线成功应用了"城市轨道交通轨道铺装成套技术研究与应用""城市轨道交通系统机电工程关键技术成果及研究""城市轨道交通常规机电工程关键建造技术研究与应用""城市轨道交通轨行区智能化施工设备研究与应用"4 项重要科研成果，并取得良好的社会经济效益。

7.1 城市轨道交通轨道铺装成套技术应用

针对徐州地铁 3 号线铺轨施工中存在的数字化程度低、安全风险高、作业效率低等行业共性问题，通过技术攻关和项目实践，应用了集钢弹簧浮置板建造技术、隔离式减振垫高等减振道床施工技术、无缝线路电子正火施工技术、轨行区信息化施工技术等技术于一体的城市轨道交通轨道铺装成套技术。

钢弹簧浮置板建造技术：徐州地铁 3 号线钢弹簧浮置板铺设长度 2.3km，采用"钢筋笼轨排法"，即在铺轨基地拼装钢筋笼轨排，利用轨道工程车将钢筋笼轨排运至施工现场铺设，相较传统"散铺法"单作业面铺装效率由 8m/d 提升至 50m/d，提升 6 倍以上；针对钢弹簧浮置板开发了数字化精调软件，采用长轨顶升技术，规避影响后续机电专业开展，提高了施工工效，节省整体工程工期 1 个月。

隔离式减振垫高等减振道床施工技术：根据环境评估，徐州地铁 3 号线铺轨总长度 20.74km 中 1.92km 采用隔离式减振垫浮置板整体道床，该道床结构稳定性好，动静刚度比小，动位移保证在 1.5mm 以内，减振效果 20dB 以上，降噪效果 35dB 以上。该技术结合铺轨基地"模块化"集中生产轨排，与基础找平层施工同步作业，单作业面平均铺设进度可达到 75m/d，施工工效显著。

无缝线路电子正火施工技术：徐州地铁 3 号线无缝线路长度 43.67km，采用电子正火施工技术，相较于传统火焰正火施工技术具有抗伸性能更优，细化晶粒效果更明显；冲击性能更优，韧化作用更明显，加热均匀；硬度软点值更高；安全性更高；正火效率提升 2 倍以上。

轨行区信息化施工技术：自主研发轨行区智慧云平台，集车辆人员安全管理、视频监控、远程调度实时通信、数据收集与整理等多种功能于一体，适用于轨行区施工的安全调度管理。平台具有全程监控、小型机具定位、全线人员定位、轨道车物理临近报警装置、隧道内语言通信等功能，实现了轨行区管理科技化、智慧化，保障了轨行区安全生产及文明施工。

本成果在徐州地铁 3 号线中成功应用，取得直接经济效益 847.3 万元。本成果集成了高精度测量技术、高效建造技术和智慧云平台，实现了城市轨道交通站后工程全流程覆盖，为轨道工程绿色、高效建造提供了可复制的成功案例，同时为轨道工程的技术变革提供了先进的工艺典范与管理经验。

7.2 城市轨道交通系统机电工程成套技术应用

针对徐州地铁 3 号线系统机电施工中存在的技术难点、痛点，通过技术攻关和项目实践，形成了集牵引供电系统设备安装及调试技术、隧道内接触网无轨测量定位技术、刚性接触网安装一次到位技术、柔性接触网悬挂结构模拟计算技术等技术于一体的城市轨道交通系统机电工程成套技术。

牵引供电系统设备安装及调试技术：牵引供电系统设备安装通常采用叉车与液压千斤顶配合进行，需要反复的调整设备位置，易损伤绝缘板，造成绝缘性能下降。同时，考虑到徐州地铁 3 号线浦江路站设备房内空间狭窄且交叉施工多，研发一种可拆卸式安装装置，提升狭窄空间设备安装精度，避免安装过程中对绝缘板可能造成的损伤，安装后绝缘电阻值 > 2Ω，提高工效近 1 倍。

柔性接触网悬挂结构模拟计算技术：徐州地铁 3 号线接触网腕臂、吊弦计算数据多，计算量大，传统计算方法工作效率低，误差大，计算结果不理想，容易造成大量返工，材料浪费及多次调整等问题。研制了柔性接触网悬挂结构模拟计算软件，与 BIM 软件相结合，实现接触网悬挂结构批量计算、成果可视化，集中定制，现场组装，提升安装质量，工效提升 30%，降低材料损耗率 5%。

本成果在徐州地铁 3 号线中成功应用，取得直接经济效益 1384.2 万元。该成果取得了显著的经济效益、社会效益和环保效益，为推动城市轨道交通站后工程技术发展、推进基础设施建设做出了巨大贡献，助力城市轨道交通领域全产业链的技术国产化发展，为实现城市轨道交通机电工程标准化、智能化建设提供了极具操作性的技术蓝本。

7.3 城市轨道交通常规机电工程关键建造技术应用

针对徐州地铁 3 号线常规机电工程建造质量与效率要求高，空调系统能效低等问题，站后总包部通过技术攻关和项目实践，采用了模块化预制 + 装配式建造技术、机电吊顶集成模块化施工技术、机电管线支吊架标准化设计与应用技术、中央空调系统精细化调适技术以及中央空调系统节能控制技术。

模块化预制 + 装配式建造技术：通过 BIM 技术精细建模与碰撞检测优化管线布局，实现了机房空间的功能最大化与美观性。工厂预制加工确保了组件的一体化整合与高质量生产，并通过二维码标记提升现场装配效率。现场施工遵循有序装配流程，大幅缩短安装周期至 7 天，同时减少了 90% 的高空作业，降低了安全风险。管道焊口质量及安装精度高，机房管道试压漏水率为 0，产生经济效益 181 万元。

机电吊顶集成模块化施工技术：通过 BIM 技术进行模块化集成设计，优化吊顶模块的管线与设备布局，消除安装冲突。工厂化定型加工采用轻质易安装材料，提高现场安装效率。标准化程序安装利用临时承载平台完成模块组装，通过定制卡压螺纹接头实现模块间主管线的快速对接，最终整体提升实现吊顶一体化安装。在徐州地铁 3 号线 120 个房间的机电吊顶施工过程中，节约工期 10 天，节省材料 10 元 /m²；减少施工管理环节和机械调动运转费，节省项目日常管理费 5000 元 / 天和机械运维费 2000 元 / 天，总经济效益为 50.8 万元。

机电管线支吊架标准化设计与应用技术：通过对系统支吊架形式、受力情况、安全性等进行计算和分析，开发支吊架受力分析计算软件，减少支吊架规格，形成不同系列标准化的支吊架，含落地支架系列、吊架系列、水平支架系列，形式统一，可批量生产。降低项目支吊架成本 20% 以上。

中央空调系统精细化调适技术：应用空调负荷仿真软件，构建建筑几何模型，输入建筑围护结构热物性参数等数据，按需求输出多时间尺度的空调负荷模拟结果。为冷机、水泵、冷却塔、空调箱、风机盘管等关键设备选型提供依据，减少设计冗余或偏大造成的初投资增加。应用建模仿真软件，建立较精确的水力计算模型，模拟设计流量下的管网压力与流量分布，为水泵选型校核、风－水平衡调适提供数据支撑。缩短风－水管网水力平衡调适周期 10%。

中央空调系统节能控制技术：依据设备性能参数与实际运行历史数据，分别构建冷冻水侧能耗模型、冷却水测能耗模型，并建立适合的约束条件，应用优化算法对模型优化求解，获得中央空调系统综合能效最优的参数优化设定。实现项目全年综合能效比达到 5.0 以上。

本成果在徐州地铁 3 号线中成功应用，取得直接经济效益 656.3 万元。本成果以数字化、智能化赋能城市轨道交通常规机电工程关键建造技术，对机电模块的设计、加工、运输和安装实现全过程管理，进而形成可复制和推广应用的数字化、智能化建造管理技术和方法，为今后城市轨道交通常规机电工程数字化、智能化施工程提供了有力的技术支撑。

7.4　城市轨道交通轨行区智能化施工设备应用

针对徐州地铁 3 号线工程中地下有限空间工况条件差、安全风险高、作业效率低、装备智能化水平弱等难题，研制了轨排智能化拼装设备、自行式轨排运输铺架设备、地铁隧道智能化钻孔设备 3 套设备。

轨排智能化拼装设备：通过视觉识别与定位技术、机器人控制技术、一体化取放和安装技术的集成应用，革新了轨排拼装工艺，提高了拼装速度和精度，实现了轨排拼装作业的自动化，相较于传统人工拼装轨排，工效提升近 3 倍，轨距精度偏差小于 ±2mm，轨枕间距偏差小于±5mm，扣件安装准确率 100%。轨排智能化拼装设备如图 7.4-1 所示。

自行式轨排运输铺架设备：通过曲面自适应技术、一机多能施工技术、纠偏避障及自诊断的多传感融合控制技术的研发与应用，提高了铺轨效率和作业安全，实现了多种工况下多类型构件一机无轨化吊运和安装，提升工效近2倍，显著提升轨道交通工程铺轨过程中的机械化、自动化和智能化水平。自行式轨排运输铺架设备如图7.4-2所示。

地铁隧道智能化钻孔设备：通过六自由度钻孔机器人技术、孔位智能化精确识别与定位技术、高效精确钻孔末端执行技术的研发与应用，提高了打孔的精度和效率，实现了隧道全断面自动化钻孔作业，打孔效率与人工相比提升约6～10倍，实现自动步进，自动找点钻孔，适应的隧洞直径为5～8m，钻孔直径8～30mm，平均单孔作业时间小于100s。地铁隧道智能化钻孔设备如图7.4-3所示。

本成果在徐州地铁3号线中成功应用，取得直接经济效益1227.9万元，提升了城市轨道交通站后工程机械化、自动化施工水平，确保了工程施工效率和施工质量，积极地响应了"交通强国"战略规划。

图 7.4-1　轨排智能化拼装设备

图 7.4-2　自行式轨排运输铺架设备

图 7.4-3　地铁隧道智能化钻孔设备

第四篇

鲁班品质　打造城市轨道新标杆

　　中建安装多年来坚定不移地贯彻质量强企战略，始终恪守"质量第一、用户至上"的理念，将质量视作塑强企业品牌的第一道保障。以精益求精的态度，不断追求卓越，以独具匠心的精神，打造出众多精品工程。上述成果的获得，不仅是中建安装卓越实力和技术水平的充分展现，更是对其多年来坚持质量至上、不断创新发展的高度肯定。中建安装将继续以质量为生命，以创新为灵魂，为国家建筑业的发展贡献更多力量。

　　徐州地铁 3 号线中标伊始，项目管理团队就确定了优质工程目标，深入剖析鲁班奖工程全周期脉络。在策划阶段统一思想，明确目标，针对项目的特点、难点，明确实施路径、管控重点、先进管理技术的应用，提高专业技术和管理水平。坚持"过程精品，追求卓越质量；创新管理，塑强质量品牌"的质量管理方针，建立起"纵向到底、横向到边"高效运行的质量管理体系。优化资源配置，制定详尽的施工标准及管理规章制度，为实施阶段的创优工作筑起坚实基石。在实施阶段，项目管理团队采取了一系列严谨的管理措施，坚持目标导向，做好过程管控；强化示范引领，营造质量管控氛围。从施工组织到技术应用，从质量控制到成品保护，每一个环节都严格把控，确保工程过程精品，一次成优。通过这一系列的精心策划与严格实施，徐州地铁 3 号线于 2022 年 5 月获得徐州市"古彭杯"优质工程奖，同年 6 月获得江苏省"扬子杯"优质工程奖及"中建杯"优质工程金质奖，2023 年 1 月获中国建设工程鲁班奖。

第 8 章

战略引领

统筹顶层设计

徐州地铁 3 号线作为中建安装重点管控项目,项目伊始就确立了创建"鲁班奖"的质量目标。站后总包部在工程实施中,建立健全了技术质量管理体系,编制了质量管控计划,设立了保障监督层、项目管理层、标段管理层和施工作业层四个管理层级,明确职责分工,保障了各项制度措施有效落实。同时制定了详尽的质量管理制度和细则,通过技术策划、材料源头把控、首件验收、样板引路及成品保护等质量管控措施,保障了工程质量目标落地,为徐州地铁 3 号线成功获得鲁班奖奠定了坚实基础。

8.1　项目质量目标

项目开工前针对工程特点,站后总包部组织有关部门及人员编写了项目质量策划。策划包括质量目标、质量管理实施、特殊关键过程质量控制、工程质量监管工作计划、质量样板引路、质量创优策划、成品保护等内容。依托质量策划书交底提高了各层级人员的质量管理意识,确保项目质量目标顺利实现。

8.1.1　总体质量目标

徐州地铁 3 号线的总体质量目标为:确保满足《建筑工程施工质量验收统一标准》GB 50300 的合格标准;分部分项工程一次性验收合格率 100%;争创鲁班奖,并将建鲁班奖工程作为整个站后总包部质量管理的核心目标和指导方针。

8.1.2　质量目标保障路线

站后总包部为实现总体质量目标,分别制定了策划阶段和实施阶段的质量目标保障路线。

(1)策划阶段:设计图纸是进行施工活动的主要依据,通过图纸审查,了解工程特点、设计原则,确保设计图纸符合国家和行业规范要求。并通过图纸会审和技术交底,使管理人员充分理解设计意图和质量要求。同时经过 BIM 深化设计,对各专业进行管线综合优化,减少各专业管线的交叉和碰撞,提升施工效率,保证工程有序开展,在蓝图的基础上进行设计优化,满足功能和质量观感要求。开工前编制施工组织设计和各项施工方案,做好技术准备工作,明确特殊过程和关键工序的质量控制要点,为实施阶段的质量控制提供指导。

(2)实施阶段:严格执行工序质量控制和质量验收制度,确保每道工序的质量都符合设计和规范要求。通过"首件验收"和"样板引路"保障施工质量标准化,并经过"三检制"提高工序质量的稳定性和可靠性,达到过程精品,一次成优。积极推广应用新技术、新工艺、新材料和新设备，积极应用"建筑业十项新技术"，提高工程的科技含量和技术创新水平。通过技术创新，解决施工中的技术难题，提高工程质量水平。对施工过程中形成的各种质量记录和技术资料进行整理归档，确保资料的完整性和可追溯性，保障工程资料内容齐全、真实有效。

8.1.3　细部质量目标分解

为了更具体地指导施工过程中的质量控制，站后总包部根据质量管理各阶段控制环节，将质量目标进一步分解为质量指标和质量控制要点。通过细部做法，确保工程项目在策划阶段就明确质量控制的重点和难点，为实施阶段的质量控制提供有力的支持和保障。主要控制点设置见表 8.1-1。

工程质量主要控制点设置一览表　　　　　　　　　　　　　　　　表 8.1-1

控制环节	控制要点	控制内容	控制依据	见证资料
测量定位	轴线、标高控制	根据站前专业提供的测量基准线，对已完工的梁、板、柱、墙进行实地测量，对站后综合管线完成标高、位置进行测量	业主、设计院提供的有关图纸	测量定位记录
第三方检测	物资质量、施工质量	严格执行第三方检测的标准制度、执行规范及需求书内容，做好对接配合工作	检测方案	检测表格
隐蔽验收	分项工程	隐蔽内容、质量标准	图纸规范	隐蔽工程记录
接触网工程	接触网工程安装	安装质量、管线位置、标高、横平竖直、细部做法、观感等	施工方案、施工图纸、规范	验收表
供电工程	基础槽钢、设备安装、电缆支架、电缆敷设、电缆头制作、系统调试	位置标高正确、防腐到位、标识清晰、接地可靠、电缆平直、电缆排列整齐、美观、固定牢固、绝缘包裹严密	旁站监督、国家规范等其他相关规范及施工图纸、设计文件等	施工记录、检验批
通信系统	漏缆连接、测试	擦拭接头、功分器连接，拧固、检查、通电试验，绝缘电阻测量	图纸、施工验收规范	施工记录、检验批
信号系统	角形铁安装、连接杆连接、紧固件及绝缘装置	确定角形铁的基准线、保证角形铁和基本轨间密贴；杆件连接平顺、通畅，曲线连接杆的曲折量、曲折角符合规定；校核绝缘装置	图纸、施工验收规范	施工记录、检验批
轨道工程	基标测设、轨排铺设、道床模板、道床钢筋、道床混凝土	导线复核，CPⅢ控制网布设，加密基标测设，轨排扣件安装和轨枕间距，道床钢筋规格和安装间距，道床混凝土质量及养护等符合设计和验收标准的相关要求；钢轨焊接、正火、应力放散及锁定等符合设计和验收标准的相关要求	国家规范等其他相关规范及施工图纸、设计文件等	施工记录、检验批
疏散平台工程	支架安装、平台板安装、钢梯安装、扶手安装	支架高程、水平，步板高程、水平、勾缝；钢梯焊接及防火；扶手高程、紧固	国家规范等其他相关规范及施工图纸、设计文件等	施工记录、检验批
通风空调工程	风管及风机安装，空调安装，管道绝热	安装部位、观感	国家规范等其他相关规范及施工图纸、设计文件等	施工记录、检验批
动照	配电柜安装，灯具、桥架安装，动力设备及接地	安装部位、观感	国家规范等其他相关规范及施工图纸、设计文件等	施工记录、检验批
给水排水	管道制作安装，消防栓安装，洁具安装	安装部位、观感	国家规范等其他相关规范及施工图纸、设计文件等	施工记录、检验批

8.2 质量体系架构

加强领导，提级管控。徐州地铁 3 号线站后工程质量体系分为四个层级，详见图 8.2-1。其中保障监督层由集团各相关领导组成，集团总工程师为组长，质量总监、副总工程师为副组长，集团各职能部门经理为组员。项目管理层由站后总包部相关人员组成，统一协调管理具体事宜。标段管理层由各标段质量管理人员组成。施工作业层由各作业班组相关人员组成。通过完成质量管理体系，站后总包部仔细规划了质量管理工作进程，明确每个阶段的任务和目标，确保团队成员明确自己的职责；合理分配了资源，为高品质工程建造提供了资源保障。创优组织机构如图 8.2-1 所示。

站后总包部以工程"鲁班奖"为标准，在工程开始之初就制定了工程项目管理的标准化制度，提出了高标准高规格的管理要求。并制定了工程质量创优策划，确立了工程质量目标"鲁

徐州地铁 3 号线质量管理体系组织机构图

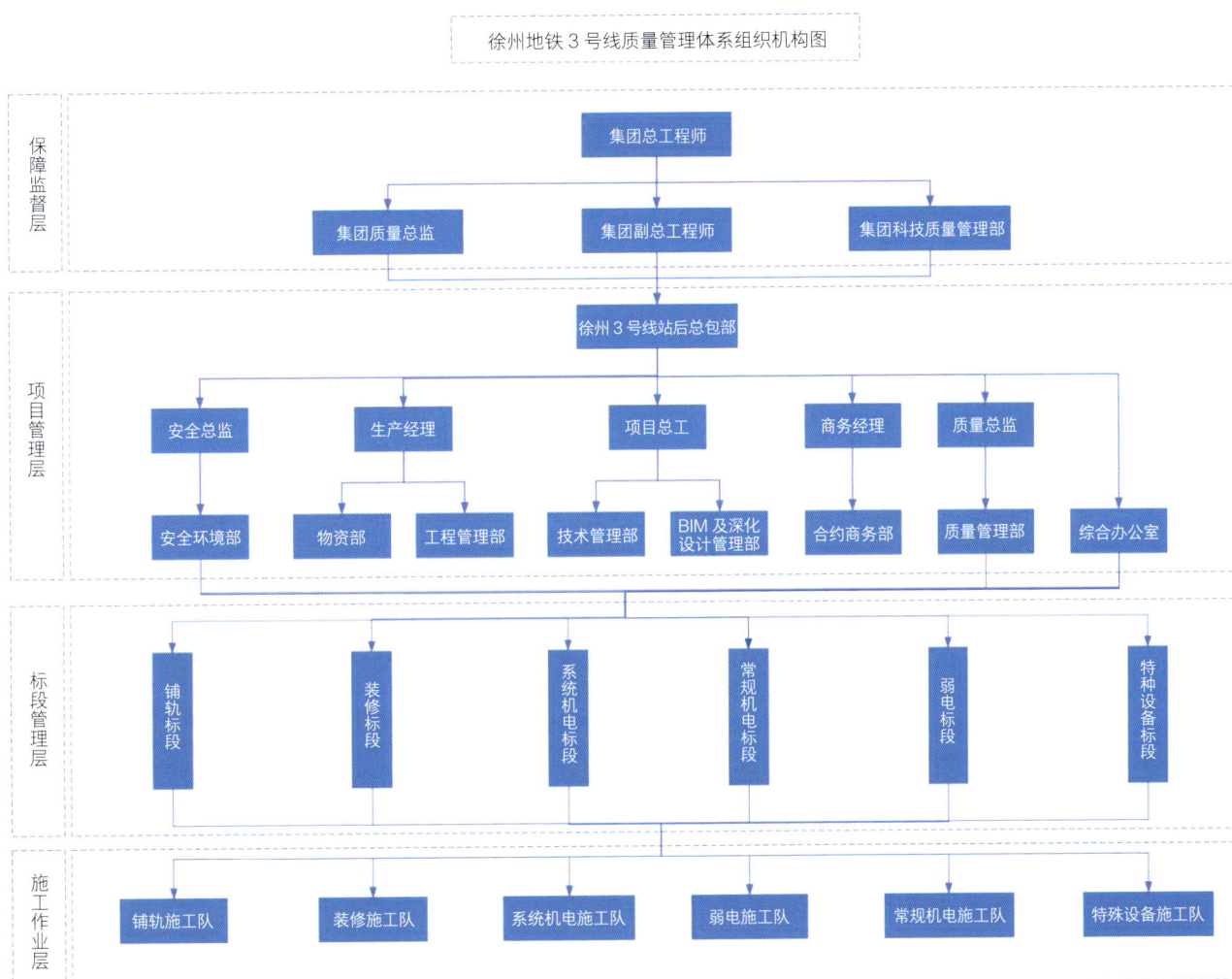

图 8.2-1 创优组织机构图

班奖",并对质量目标进行分解,明确了工程各阶段质量控制要点。同时针对鲁班奖的创奖特点,站后总包部恪守"岗位配齐,人员配足、能力配优"的原则,精心挑选项目管理人员,组建了一支由经验丰富、技术精湛的施工管理团队和专家组成的"徐州地铁 3 号线站后总包项目管理部",有效地组织和协调各项资源,集中力量确保项目履约,致力于过程创优。

站后总包部制定了明确的工作标准和要求,各标段人员密切合作,保障团队成员之间的协作和沟通畅通无阻。确保团队成员的工作符合预期的质量和标准。针对工程的特点与难点,尤其是工程中挖掘的工作亮点,站后总包部联合各标段成立了质量管理小组,群策群力,集思广益,解决工程中的疑难问题;定期召开质量分析会,掌握质量波动情况,利用现代科技手段,及时采取措施对策。按照工作节点安排要求推进各标段工作,严格监督各标段实体工程质量,确保施工过程中各项质量目标的顺利完成。

站后总包部以项目经理为核心,明确了各岗位的岗位质量管理职责,严格分工,落实责任到人。部分岗位职责见表 8.2-1。

站后总包部部分岗位职责表 表 8.2-1

部门 / 岗位	职责内容
项目经理	1. 项目经理是项目工程质量的第一责任人,对项目的质量管理工作及项目的工程实体质量负直接领导责任
	2. 保证国家、行业、地方的法律、法规、技术标准,以及企业的各项质量管理制度在各标段的实施中得到贯彻落实
	3. 建立站后总包部项目的质量管理体系并保持其有效运行,确保工程质量目标实现
	4. 牵头组织设计管理,进行设计参数、图纸审核,统筹组织 BIM 深化设计,覆盖站后工程全专业
	5. 及时掌握项目的工程质量状况,召集并主持站后总包部项目质量专题会议,组织相关信息分析
	6. 及时向上级报告工程质量事故,并配合开展事故调查和处理
生产经理	1. 执行国家、行业和地方的现行有关法律法规、标准规范,遵守集团、局、公司质量方针、质量目标以及管理文件要求
	2. 统揽站后各标段,统筹施工计划,指导施工部署各标段工程进度
	3 参加站后总包部质量策划、施工方案编制与组织实施
	4. 落实施工组织设计及施工方案,统一调度管理,建设信息化调度管理平台,通过对车辆、人员定位技术及区间视频监控系统,推进各作业面安全、有序施工
	5. 重点监督站后总包部及各标段项目过程质量控制工作
	6. 参加站后总包部质量例会,组织涉及施工过程管理的质量问题落实整改
	7. 统一规划、布置施工现场的总平面,实施分区管理。消防保卫、环保、文明施工、CI 形象设计由总包统一策划
项目总工	1. 组织贯彻国家、行业、地方政府和公司颁布的各项技术、质量政策、法规、标准以及管理制度
	2. 组织图纸优化及深化设计,预判质量风险和优化质量解决方案,及时提供对设计进行优化的建议
	3. 组织站后总包部施工组织设计编制工作
	4. 对各标段项目的施工方案、质量策划书、样板计划等进行审核
	5. 对试验、检测数据的真实性,对工程资料的真实性、完整性、及时性负责

部门 / 岗位	职责内容
项目总工	6. 组织开展施组、方案和施工工艺交底工作，检查施工组织设计、施工方案、质量策划、技术交底在各标段项目的落实情况
	7. 参加各标段项目的分部工程、单位工程的质量验收工作
	8. 参加月度质量管理例会与专项质量管理例会，参与工程质量事故调查
	9. 负责施工规范、规程和标准管理。推广应用"四新"技术，并负责站后总包部及各标段项目的竣工资料及技术总结
	10. 统一组织编制、收集、整理各标段工程管理资料和技术资料，并及时归档
	11. 统一组织"智慧建造 + 一站式制冷机房"施工
质量总监	1. 对站后总包部质量管理体系的运行、维护及工程质量负责
	2. 严格执行有关工程质量的各项法律法规、技术标准、规范及管理制度
	3. 监督站后总包部及各标段项目质量管理体系的运行。保证站后总包部质量监督体系有效运行
	4. 监督各标段项目质量管理体系的运行
	5. 监督各项质量管理制度在站后总包部及各标段项目的落实
	6. 根据项目的质量目标，组织编制站后总包部质量策划
	7. 研究解决站后总包部及各标段项目质量缺陷或质量通病
	8. 组织站后总包部各阶段的内部验收工作、外部验收
	9. 组织对站后总包部人员的质量教育
	10. 组织站后总包部质量例会，参加各标段项目的质量例会
	11. 参加站后总包部及各标段项目质量事故的调查、处理
	12. 统一组织开展站后总包部"质量月"、QC 小组活动、质量观摩以及各类质量创优活动，及时上报有关活动资料
	13. 负责监督各标段项目的质量管理
质量管理部	1. 执行国家、行业现行有关工程质量的各项法律法规、技术标准、规范及企业管理制度
	2. 协助项目经理、质量总监监督各标段项目质量管理体系的运行
	3. 参与站后总包部施工组织设计、施工方案的编制工作
	4. 负责组织开展站后总包部质量教育培训活动，参与各标段项目的质量教育培训活动
	5. 参与编制站后总包部质量策划，审核各标段项目的质量策划
	6. 负责统一组织开展各标段项目质量管理小组（QC 小组）活动
	7. 负责组织各标段项目统一质量检查并监督质量缺陷的整改
	8. 组织站后总包部质量例会，参加各标段项目的质量例会
	9. 负责组织开展工程各标段项目的质量实测实量工作
	10. 负责组织站后总包部工程质量验收工作，参与各标段项目的质量验收工作
	11. 参加站后总包部及各标段项目质量事故的调查、处理
	12. 负责统一组织站后总包部及各标段项目质量创优工作
技术管理部	1. 负责组织编制各项施工方案，符合设计、承包合同对工程质量目标要求，负责各标段施工方案审核或专家论证工作

续表

部门/岗位	职责内容
技术管理部	2. 负责组织各标段项目图纸预审，提出设计图纸中的问题
	3. 负责组织各标段项目设计及图纸变更工作，并做好资料留存
	4. 组织处理各标段项目图纸会审、深化设计、洽商变更管理工作，并负责重大、复杂洽商变更的交底工作，明确质量要求和控制要点
	5. 参与各标段项目工程材料、设备的选型、审批工作及材料设备质量的控制
	6. 负责组织各标段项目工程试验和计量管理，工程测量及技术复核工作
	7. 负责组织审核各标段项目技术质量问题的处理措施
	8. 根据施工组织设计、施工方案、技术措施提出的质量要求，对各标段项目落实情况组织监督检查
	9. 负责各标段项目工程技术类资料的收集、整理工作
BIM 及深化设计管理部	1. 负责组织搭设 BIM 平台，制定统一 BIM 标准文件，策划书、BIM 项目管理要求等标准文件
	2. 负责组织召开 BIM 深化讨论交流以及审查会议
	3. 负责对施工图分专业进行深化设计，负责各标段项目协调，保障整体工程的施工质量
物资部	1. 严格按物资采购程序进行采购，对购入的各类生产材料、设备等产品质量负责，严把进场物资的质量关，使其性能必须符合国家有关标准、规范和工程设计的质量要求。采购资料及时收集、整理
	2. 负责统一材料设备品牌参数标准，及时组织各专业招标采购，各参建单位共同参与，组织对工程物资的验收，办理书面手续，开展进场物资的报验工作
	3. 负责组织各标段项目建设"共享物资储备库"，现场存贮管理，负责进场物资库存管理，制定库存物资管理办法，做好各类物资的标识工作
	4. 负责组织各标段项目材料、设备不合格品的处置，对检验不合格的物资及时进行封存或退场处理
工程管理部	1. 执行国家、行业现行有关工程质量的各项法律法规、技术标准、规范及企业管理制度
	2. 对各标段项目施工进度建立跟踪、监督、检查和报告的管理机制
	3. 参与审核各标段项目施工方案，负责组织施工现场实施各类施工方案
	4. 协助组织各标段项目施工生产所需的资源、机器设备，确保符合施工方案中质量相关标准要求
	5. 协助组织编制站后各标段施工生产的进度计划、劳动力使用计划、机械使用计划，协调解决现场施工过程中的技术、质量、安全、资源配置问题
	6. 协助组织技术质量交底及关键和特殊过程的技术质量交底工作
	7. 组织实施各标段项目实测实量工作并根据数据分析结果对现场施工进行及时整改，确保质量受控
	8. 负责统一组织各标段项目的成品保护工作
质量管理部	1. 负责对各标段项目的工程质量监督检查工作，对工程的质量负监督与确认的责任。熟悉每个分部、分项、检验批工程的质量验收标准，对施工作业面的工程质量进行跟踪检查，及时纠正违章、违规操作，防止发生质量隐患或事故
	2. 熟悉施工图设计文件，接受施工组织设计、施工方案交底，了解技术及管理要求，对各标段项目施工作业面进行质量巡查，旁站监督
	3. 对工序质量进行过程控制，对每一检验批进行实测实量，按验收标准会同建设方、监理方对检验批质量进行验收
	4. 参与各标段项目施工现场的质量检查，对查出的一般质量问题，负责下整改单，并监督施工队、班组及时整改
	5. 组织编制质量监督工作日志，负责各标段项目质量统计报表，及时上报报表到上级质量监督管理部门

8.3　质量管理制度

站后总包部建立了站后全专业的质量管理体系，以标准化为导向，带动工程质量管理全过程规范化、标准化。通过总结深圳地铁 9 号线、南宁地铁 2 号线、长沙地铁 4 号线、长沙地铁 5 号线及徐州地铁 1 号线等项目管理经验，结合公司质量管理制度，针对地铁站后工程线长、点多、接口众多的专业特性，在徐州地铁 3 号线策划阶段制定了《站后工程质量管理办法》，该办法涵盖了 32 项质量管理制度及 4 份质量管理实施细则。

项目管理层建立了各项质量管理制度，对关键工序、特殊部位、隐蔽工程实施举牌验收，加强施工记录和验收资料管理；坚持"首件验收""样板引路""三检制""成品保护"等行之有效的过程质量控制措施和方法，通过"目标管理，过程控制，阶段考核，持续改进"的质量控制手段，实现质量责任可追溯，保证施工质量始终处于受控状态，保障项目优质履约。质量管理制度见表 8.3-1。

站后总包部质量管理制度　　　　　　　　　　　　　　　　　　表 8.3-1

序号	制度名称	序号	制度名称
1	质量责任制度	17	不合格品管控制度
2	质量教育培训制度	18	质量检查制度
3	工程质量创优制度	19	检、试验制度
4	工程质量奖罚制度	20	计量器具管理制度
5	样板引路制度	21	工序质量控制制度
6	技术交底制度	22	质量会议制度
7	专项技术交底制度	23	质量责任标识制度
8	图纸会审制度	24	工程质量预控制度
9	施工方案制度	25	过程三检制度
10	隐蔽工程验收制度	26	成品保护制度
11	工序交接制度	27	质量整改制度
12	质量目标管理制度	28	挂牌管理制度
13	质量一票否决权制度	29	质量事故报告制度
14	质量检测制度	30	质量管理人员持证上岗制度
15	材料、成品、半成品及设备进场检验制度	31	检测及监测点、线路保护制度
16	技术复核制度	32	质量报表制度

第 9 章

目标导向

强化过程管控

徐州地铁 3 号线站后工程涵盖 11 个单位工程、33 个子单位工程、89 个分部工程及 540 个分项工程。为保障工程品质，站后总包部严格过程控制，制定了周密的施工计划和质量管理措施，严格按照国家标准和鲁班奖品质要求，实时跟踪工程质量动态，落实三检制，执行首件验收及样板引路制度，对现场出现的质量问题及时纠偏。最终通过全体人员的共同努力，确保了分部分项工程一次验收合格率 100%，顺利获得了鲁班奖，得到了社会各界的一致好评。

为确保徐州地铁 3 号线鲁班奖质量目标顺利完成，站后总包部从人员配置、材料机械设备选型和新技术应用等方面提供强有力的制度保障和资源保障，下面分别进行介绍。

9.1　人力保障

徐州地铁 3 号线站后总包部以打造"鲁班奖"优质工程为目标，建立了完善的项目施工管理组织机构，通过质量活动、质量观摩交流、优选分包等方式方法，丰富了项目管理人员的质量知识和优质工程建造经验，为打造徐州地铁 3 号线"鲁班奖"优质工程奠定了坚实的基础。

9.1.1　丰富活动，提升管理成果

为提高团队质量管理水平，增强员工专业技能，站后总包部精心策划并实施了一系列质量活动。提升了员工的质量意识，确保每一位成员充分认识到质量管理的重要性，并在实际工作中积极践行质量标准，最终保证了项目的顺利进行和高品质履约。

（1）质量竞赛活动

站后总包部定期举行质量竞赛活动，内容包括轨道工程、系统机电工程、常规机电等站后各专业的综合质量知识问答、质量案例分析以及实际操作演练。此类活动的目的在于激发全体员工的工作热情、主动性与创造力，进而激发项目的内在动力，推动项目创优的实施。

（2）质量培训活动

为提升团队成员的质量知识和技能，站后总包部要求各标段参建单位主要负责人，举行了"一把手讲质量"活动。营造了项目"人人讲质量"的氛围，强化了项目质量管理工作。同时进行了一系列质量专题培训，包括地铁站后工程质量管理体系培训、轨道基标测设培训、汇流排高效安装培训、接触网刚柔过渡技能培训等一系列活动，丰富了项目施工管理人员的应用技能。

（3）质量月活动

每年九月初站后总包部举行质量月启动会。质量月期间，通过广泛宣传、学习与培训、自

图 9.1-1　质量月活动

查整改、专项检查监督、质量竞赛激励以及总结经验持续改进等多元方式，全面提升工程质量，增强员工质量意识，强化质量管理体系。这一系列活动旨在营造全员关注质量的良好氛围，推动质量管理水平不断提升。质量月活动如图 9.1-1 所示。

（4）质量之星

通过向现场施工管理人员颁发"质量表彰卡"来评选"质量之星"，并配以奖品激励。此举旨在将传统的处罚机制转变为积极的激励手段，从而将管理人员从"被动"状态转变为"主动"参与，显著提升他们对质量的重视程度和对施工质量控制的规范性。进一步保证项目工程质量安全高效，保证工程品质优先，打造精品工程。

（5）观摩活动

2020 年 3 月，站后总包部积极组织各标段的主要管理人员，前往无锡地铁 4 号线、上海地铁 22 号线等地进行实地考察，深入的观摩和学习。详细了解行业内其他单位的施工技术、质量管理举措及优质工艺标准。站后总包部组织的观摩活动增强了行业内各单位之间的交流与合作，提升了项目管理人员的质量意识，还为后续工程建设及鲁班奖创奖奠定了坚实的基础。

9.1.2　优管分包，共创创优氛围

站后总包部及下辖各个标段秉承高标准、严要求的原则，精挑细选技术精湛、管理规范、信誉卓著的分包商伙伴。对于分包商的现场负责人，在正式进驻工地之前，都会实施一次全面而细致的业务能力与个人素质考核，以确保具备引领团队、保障工程质量与进度的能力。

同时，注重工序之间的衔接与协作。站后总包部积极倡导并组织各标段、各分包商之间的现场互检学习活动。这一活动不仅为各方提供了一个展示自身技艺、交流施工心得的平台，更促进了施工工艺的相互借鉴与融合，推动了整体施工质量的提升，努力营造出比学赶超、共同提升工程质量的良好氛围。

站后总包部组织各标段定期召开质量分析会议，对发现的问题及时整改，不断优化施工方

案和工艺流程。标段内部定期梳理技术质量检查问题记录，将相关问题的整改、回复等工作落实到具体责任人，并设定完成期限。同时实施了月度考核与奖惩机制，对表现优异的分包商给予表彰与奖励，对存在不足之处的则提出改进建议与督促措施。达到"事事有人管、事事有标准、人人有事做、人人有考核"的管理环境。

9.2 物资保障

徐州地铁 3 号线站后总包部依据本工程及各专业特色，恪守"主要设备与物资统一采购，配套材料指导采购"的原则。充分发挥总包部及各标段在物资管理方面的优势，确保各项物资招采有序、管理有章、质量可控，从而为项目品质提升提供坚实保障。

9.2.1 品质保障，择优选择分供商

徐州地铁 3 号线站后工程涵盖众多专业，由于各专业在物资管理标准上的不统一，不利于施工进度的推进和材料质量的保证。此外，城市轨道交通行业本身具有一定自然垄断特性，市场结构已经相对固定，给物资的采购和招标工作带来了诸多挑战。

在编制招标文件的过程中，站后总包部充分考虑到土建工程的施工期和各项设备的交货期之间的衔接问题，以防止因缺少材料而导致的生产停滞。同时，总包部积极贯彻国家的国产化政策，确保设备国产化比例超过 70%。此外，总包部与各标段合作，对主要材料和设备实行集中采购，择优选择承包商和供应商，以确保全线关键设备和材料在标准、参数和品牌上的一致性，从而保障工程的整体品质。

9.2.2 建仓储物，优化资源配置

站后总包部在项目成立初期进行深度策划，结合轨道交通线路"点多面广"和物资种类繁多、生产周期长、物资价值高等特点，打破物资随工作面开展而进场的传统思路，创造性设置大面积中心料库。

中心料库采用封闭式库房和开放式料场相结合的形式。在初期规划阶段，对存放的设备和物资所需的占地面积进行了详尽的规划，并根据各种材料及设备的特性，分门别类存放至相应的区域。

中心料库设立了专门的物资加工堆场。此外，中心料库还设置了废料和边角料堆放点，并设有材料样品间。每种材料都必须保存样品，并经过样品确认后才能入库，供方提供的样品也会被放置在样品间并附上对应的资料。在每批材料进场验收入库前，必须对样品进行比对。

租用距离各车站最近的库房作为中心料库，是总包部初期策划的考虑因素之一。这样可以方便材料运输，减少时间和成本，并能更快速地响应现场施工需求，提高施工效率。同时也充分考虑周边环境和安全因素，安排专人对运输路径进行多次实地踏勘，以确保中心料库的正常运转。

中心料库旨在为各个标段预先储备必需的物资，涵盖设备、原材料、工具等，并确保这些物资的质量满足既定标准。此外，通过建立严格的管理制度和流程，确保物资的安全储备和高效利用。在施工期间，中心料库作为物资调配的关键枢纽，通过及时交接和信息共享，实现资源优化配置，从而有效确保了施工进度和质量。

9.3　设备保障

9.3.1　机械设备的配备和管控

机械设备管控对工程质量的影响是多方面的。它不仅直接影响材料处理质量和施工精度，还通过影响施工进度和施工安全等方面间接影响工程质量。因此，加强机械设备管控的研究和实践，不断提升管理水平和技术水平，将是提高工程质量的重要途径之一。以下是一些关键的管理要点。

在徐州地铁 3 号线站后工程施工过程中，站后总包部与各标段高度重视机械设备的配备选型，根据站后各专业的施工特点与实际需求，结合中建安装城市轨道交通站后施工管理的经验，机械设备依照性能稳定、技术先进、适用性强、经济合理、安全可靠、系统化、环保性、一机多用相统一的原则进行选型配置，制定严格的机械设备采购标准，确保设备能够满足施工要求，有力保障现场实体工作。

站后总包部与各标段建立健全了机械设备管理制度，制定了详细的管理规定，明确机械设备的采购、验收、使用、维护、保养、报废等各个环节的具体要求和流程。建立了设备管理网络，确保职责明确、分工具体，形成从上至下的管理链条，使每个环节都有人负责，有人监督。

"用、养、修"相结合，在机械设备的使用过程中，坚持"用好、养好、修好"的原则，做到设备的使用、保养和维修相结合，延长设备使用寿命。加强对机械设备操作人员的技术培训和考核，提高其专业技能和操作水平。各操作人员能按照设备的安全操作规程正确使用机械设备，避免违规操作导致设备损坏或安全事故。严格执行日常检查制度，对每个机械设备进行记录和跟踪，确保所有设备处于运行可控状态。制定科学的设备维护计划，加强机械设备的日常维护和保养，对于老旧设备，特别关注其运行状况，及时发现并排除潜在故障，确保设备处于良好的工作状态，为工程质量的提升提供有力支持。

同时，根据施工需要和工作量，合理安排机械设备的使用时间和顺序，避免设备闲置或过度使用。精心规划机械设备的布局和摆放位置，确保设备之间通道的畅通无阻。对施工现场的机械设备进行巡回监护和逐条查验，确保设备的安全运行和施工质量。不断更新机械设备，积极应用新技术和新设备，提高施工效率和施工质量。铺轨基地门式起重机如图 9.3-1 所示。

9.3.2　计量器具的管理和使用

为了确保工程质量的稳定性和可靠性，徐州地铁 3 号线站后工程总包部与各标段高度重视计量器具的使用和管理工作，建立健全了计量器具管理制度，加强了对计量器具的定期检定

图 9.3-1　铺轨基地门式起重机

和校准工作，确保其精度和准确性符合相关标准要求，及时发现和解决潜在的问题和隐患，提高工程质量管理的规范化和科学化水平。

徐州地铁 3 号线站后工程计量器具设专人保管和维护，进场的仪器仪表必须具备合格证、说明书、生产许可证、标志，在确保标定合格后方可办理入库。项目实施中，对计量器具按检定周期 100% 进行检定和校准，确保精度和准确性。经检测部门鉴定无修复价值或无法修理办理报废手续，做明显标识，单独存放或集中退场，避免混用。

徐州地铁 3 号线站后工程通过计量器具的严格管理和规范使用，可以及时发现和解决施工过程中的问题，为工程质量的持续改进提供有力支持。

9.4　新技术应用

徐州地铁 3 号线站后工程在全过程质量管理中共推广应用住房和城乡建设部 10 项新技术（2017 版）7 大项 21 小项，项目积极开展绿色施工，采取节水、节能、节材、节地和环境保护措施，科技进步效益率 1.92%。

9.4.1　钢筋与混凝土技术

徐州地铁 3 号线普通无砟道床、减振垫浮置板道床等结构部位应用了钢筋混凝土中混凝土裂缝控制技术，道床表面裂缝可减少 55% 以上，效果良好。道床作为列车运行的基础，对道床混凝土裂缝控制尤为重要，重在控制高架及地面段冬施混凝土裂缝，首先严格选用优质的水泥和骨料，尽量选用水化热低的水泥，以减少混凝土结构的内外温度差，预防温度裂缝；根据实际情况经试验确定配合比，生产混凝土时搅拌时间要精准，确保拌合均匀，混凝土的和易性与坍落度要满足要求，提高混凝土配制质量，减少混凝土的收缩变形；冬期选用抗冻、早强、减水剂，并严格控制外加剂的用量；混凝土浇筑前，严格验收模板支立情况，确保模板稳固可靠，防止发生模板变形及位移引起混凝土塌陷裂缝；混凝土运输过程采取有效的保温措施，从出厂运输到入模不超过 60min；浇筑过程分层，每层厚度 300mm，确保振捣密实均匀，上层混凝土在下层初凝前浇筑并尽量缩短间隔时间，浇筑宜连续、有序，尽量减少施工缝；混凝土浇筑完成后及时湿润养护，气温在 5℃ 以下不再洒水湿润，冬季采用自粘塑料薄膜、PVC 膜加棉毡或草帘覆盖保温养护，温度太低时采取措施加热蓄热养护，养护时间在 14 天以上；混凝土的拆模时间除考虑拆模时的混凝土强度外，还应考虑拆模时的混凝土温度不能过高，以免混凝土表面接触空气时降温过快而开裂；混凝土内部开始降温以前以及混凝土内部温度最高时不得拆模，拆模时，混凝土的表面温度与中心温度之间、表面温度与环境温度之间的温差不超过 20℃，采取逐段拆模、边拆边盖的拆模工艺；给全员做好培训交底，加强成品保护。具体应用效果见表 9.4-1。

9.4.2　装配式混凝土结构技术

徐州地铁 3 号线疏散平台施工过程中应用了装配式混凝土结构技术中的预制构件工厂化生产加工技术。装配式疏散平台板采用水泥基复合材料，水泥采用品质稳定、强度等级不低于 42.5 级的低碱硅酸盐或低碱普通硅酸盐水泥，水泥熟料中 C3A 含量小于 8%。性能符合《通用硅酸盐水泥》GB 175 的规定。水泥基复合材料纤维含量不低于 0.5%，严禁掺入氯盐类外加剂，且减水剂不得低于 29%，硫酸钠含量不得大于 2%。疏散平台板制作模板采用钢模制造，

混凝土裂缝控制技术应用效果情况表　　　　　　　　　　　　　　表 9.4-1

序号	应用部位	规范标准	本项目应用情况	应用效果
1	普通无砟道床	1. 裂缝数量≤2~3 条 /m²； 2. 宽度≤0.3mm	1. 裂缝数量≤2 条 /m²； 2. 宽度≤0.2mm	1. 普通无砟道床平均每平方米裂缝数量减少约 1 条； 2. 裂缝宽度减少 0.1mm
2	减振垫浮置板道床	1. 裂缝数量≤2~3 条 /m²； 2. 宽度≤0.3mm	1. 裂缝数量≤1 条 /m²； 2. 宽度≤0.2mm	1. 减振垫浮置板道床平均每平方米裂缝数量减少约 2 条； 2. 裂缝宽度减少 0.1mm
3	钢弹簧浮置板道床	1. 裂缝数量≤2~3 条 /m²； 2. 宽度≤0.3mm	1. 裂缝数量≤1 条 /m²； 2. 宽度≤0.1mm	1. 钢弹簧浮置板道床平均每平方米裂缝数量减少约 2 条； 2. 裂缝宽度减少 0.2mm
4	无砟道岔	1. 裂缝数量≤2~3 条 /m²； 2. 宽度≤0.3mm	1. 裂缝数量≤2 条 /m²； 2. 宽度≤0.2mm	1. 无砟道岔道床平均每平方米裂缝数量减少约 1 条； 2. 裂缝宽度减少 0.1mm
5	库内立柱式道床	1. 裂缝数量≤2~3 条 /m²； 2. 宽度≤0.3mm	1. 裂缝数量≤1 条 /m²； 2. 宽度≤0.1mm	1. 库内立柱式道床平均每平方米裂缝数量减少约 2 条； 2. 裂缝宽度减少 0.2mm

以人工振捣的方式确保混凝土密实。平台板投入生产前，应先试生产1～2块平台板，经检查各部分尺寸合格后，再批量生产。生产完成后集中养护，按型号和批次分类存放。工厂化预制、集中供应的方式提升了疏散平台板的质量，消除了疏散平台外漏面平整度偏差，厚度及边长偏差减小了2mm，预留孔偏差减小了1mm。具体应用效果见表9.4-2。

9.4.3 钢结构技术

徐州地铁3号线车站垂直电梯施工过程中应用了钢结构技术中的钢结构防腐防火技术。电梯除锈采用喷射除锈，高压无气喷涂的方法；防火涂料采用薄涂型防火涂料，通过遇火灾后涂料受热材料膨胀延缓钢材升温；保证钢结构防锈及防火涂层无脱层、空鼓、明显凹陷、粉化松散和浮浆等外观缺陷，保护裸露钢结构及露天钢结构的防火涂层。具体应用效果见表9.4-3。

预制构件工厂化生产加工技术应用效果情况表   表9.4-2

序号	应用部位	规范标准	本项目应用情况	应用效果
1	疏散平台	1. 外露面平整度偏差不大于2mm； 2. 厚度偏差+3，-2mm； 3. 边长容许偏差±3mm； 4. 预留孔偏差小于3mm； 5. 翘曲偏差小于600/L（L为疏散平台跨度）； 6. 平整度不大于3mm； 7. 相邻高差不大于2mm	1. 消除了外露面平整度； 2. 厚度及边长偏差控制在±1mm范围内； 3. 预留孔偏差小于2mm； 4. 翘曲小于600/L； 5. 平整度偏差3mm； 6. 相邻高差2mm	1. 消除了外露面平整度偏差； 2. 厚度及边长偏差控制在±1mm范围内，偏差减少了2mm； 3. 预留孔偏差减小1mm

钢结构防腐防火技术应用效果情况表   表9.4-3

序号	应用部位	规范标准	本项目应用情况	应用效果
1	车站垂直电梯	1. 钢构件喷砂除锈（除锈等级Sa3后），采用整体热浸镀锌处理，镀锌厚度不小于86μm； 2. 采用超薄型钢结构膨胀型防火涂料，涂层厚度2mm； 3. 单构件耐火极限不小于1.5h	符合标准轨道要求	提高了电梯的耐火极限，一旦发生火灾，有助于减少火灾损失、提高安全系数、延长使用寿命

9.4.4 机电安装工程技术

（1）基于BIM的管线综合技术

徐州地铁3号线站后机电工程包含暖通、给水排水、电气、建筑智能化等专业。管线布置相当密集，作业空间小，为确保工程工期和工程质量，避免因各专业设计不协调和设计变更产生的"返工"等经济损失，通过对设计图纸的综合考虑及深化设计，在未施工前先根据所要施工的图纸利用BIM技术进行图纸"预装配"，通过三维模拟把设计图纸上的问题全部暴露出来，尤其是在施工中各专业之间的位置冲突和标高"打架"问题，减少了因变更和拆改带来的损失。具体应用效果见表9.4-4。

（2）工业化成品支吊架技术

成品支吊架由成品槽钢、管束、配件按照设计样式组合到一起；所有材料均为工厂批量生

基于 BIM 的管线综合技术应用效果情况表

表 9.4-4

序号	应用部位	规范标准	本项目应用情况	应用效果
1	走廊区域	不同专业之间的管线应布置合理，以确保管线不会相互干扰，保证安全运行。考虑管线的维修空间，确保安装、维修空间≥500mm	1. 喷淋管尽量选在下方安装，与吊顶间距保持至少100mm。 2. 通常风管顶部距离梁底 50～100mm 的间距。 3. 线槽和桥架顶部距顶棚或其他障碍物不宜小于 0.3m	完善局部断面、立面及平面的管线汇总工作，确定各种管线的标高、位置及交叉时的解决方法，制作机电综合协调图、综合机电土建配合图
2	机房区域	设备的功能、状态标识应清晰、准确，阀门、管件支架安装标高应统一，设备、管线排列应整齐，成行成线，以确保整齐美观	1. 大管优先，小管让大管。 2. 有压管让无压管。 3. 低压管避让高压管。 4. 常温管让高温、低温管。 5. 可弯管线让不可弯管线、分支管线让主干管线	管线布置要合理，美观，支吊架设置要整齐且不阻碍检修通道。深化设计将在与设备厂家充分沟通、了解设备日常检修所需空间、设备更换所需通路的基础上，合理布置设备和机电管线、设置支吊架

工业化成品支吊架技术应用效果情况表

表 9.4-5

序号	应用部位	规范标准	本项目应用情况	应用效果
1	走廊公共区域支吊架安装	管道支吊点的定位偏差不应超过 20mm，支吊架承载结构着力点的定位偏差不应超过设计规定	机电管线综合设计完成之后，根据管线规格、型号、位置及保温厚度等参数进行成品支吊架深化设计，确定每个支吊架的间距、型材规格、组合方式，并计算荷载以满足要求。最终形成平面和节点施工图	通过各专业协商，进行机电管线综合设计，所有管道共用同一支吊架，充分利用空间，可使各专业的管束得以科学合理的布置，达到空间和资源共享，提高有限空间利用率，确保设备区走廊的标高，解决了标高和检修通道预留等施工难题

产，按照高标准工艺生产，产品质量有保障；多种镀锌处理方式，可适应不同外界环境要求；外观美观，所有连接件与槽钢可以实现拼装构件的刚性配合、连接无位移、精准定位；现场无须焊接和钻孔，可方便进行拆除和调整。工业化成品支吊架技术应用效果见表 9.4-5。

（3）机电管线及设备工厂化预制技术

使用部位：站内冷水机房、空调机房、消防泵房等重要机房内各类管槽、桥架安装。

通过模块化及集成技术对机电产品进行规模化的预加工，工厂化流水线制作生产，从而实现建筑机电安装标准化、产品模块化及集成化。

1）对于机房机电设施采用标准的模块化设计，使泵组、冷水机组等设备形成自成支撑体系的、便于运输安装的单元模块。采用模块化制作技术和施工方法，改变了传统施工现场放样、加工焊接连接作业的方法。

2）将大型机电设备拆分成若干单元模块制作，在工厂车间进行预拼装、现场分段组装。

3）主要工艺流程：研究图纸→BIM 深化建模→放样、下料、预制→预拼装→现场分段组对→安装就位。具体应用效果见表 9.4-6。

（4）薄壁金属管道新型连接安装施工技术

双卡压管道充分利用了金属材料的自身有效刚性，在管和管件的连接处，两端均用卡钳压接，实现了面型固定，压缩两个六边形，全面防抱死，从而大大地提高了其抗拉拔能力和抗旋

基于 BIM 的管线综合技术应用效果情况表

表 9.4-6

序号	应用部位	规范标准	本项目应用情况	应用效果
1	设备机房预制技术施工	适用于设计压力不大于 42MPa,设计温度不超过材料允许的使用温度的碳钢、铬钼合金钢、奥氏体不锈钢管道的工厂化预制	可采用移动工作站预制技术,运用自动切割、坡口、滚槽、焊接机械和辅助工装,快速组装形成预制工作站,在施工现场建立作业流水线,进行管道加工和焊接预制	提高生产效率和质量水平,降低机电工程建造成本,还能减少现场施工工程量,缩短工期,减少污染、实现机电安装全过程绿色施工

薄壁金属管道新型连接安装施工技术应用效果情况表

表 9.4-7

序号	应用部位	规范标准	本项目应用情况	应用效果
1	管道连接	对于薄壁不锈钢管,应选择奥氏体薄壁不锈钢管材,其壁厚与外径之比不大于 6%	采用了先进的 O 型密封圈压缩比原理,实现了永久性密封,有效预防漏水风险,适用于口径不大于 DN100 的管道,安装作业简单易学,对操作人员要求不高,施工便捷,不受作业空间的限制	实现了管道的高效、稳定连接,同时保证了连接的密封性和耐用性

内保温金属风管施工技术应用效果情况表

表 9.4-8

序号	应用部位	规范标准	本项目应用情况	应用效果
1	通风管道安装	内衬保温棉及其表面涂层,应当采用不燃材料,采用的粘结剂应为环保无毒型。风管系统保温及耐火性能指标,应分别满足《通风与空调工程施工质量验收规范》GB 50243 和《通风管道技术规程》JGJ/T 141 要求	风管全部在工厂内预制加工,产品质量可控,省去了风管现场的保温施工工序,使得现场安装更为便捷高效	提高安装效率,内保温金属风管强度大、吸声降噪效果好、防火等级高

转能力。双卡压管道采用了先进的 O 型密封圈压缩比原理。具体应用效果见表 9.4-7。

（5）内保温金属风管施工技术

内保温金属风管是在传统镀锌薄钢板法兰风管制作过程中,在风管内壁粘贴保温棉,并且可通过数控流水线实现全自动生产,省去了风管现场保温施工工序,有效提高现场风管安装效率,且风管采用全自动生产流水线加工,产品质量可控。具体应用效果见表 9.4-8。

（6）金属风管预制安装施工技术

采用金属矩形风管薄钢板法兰连接技术。采用专用组合式法兰机制作成法兰的形式,根据风管长度下料后,插入制作好的风管管壁端部,再用铆（压）接连为一体。通过自动生产线将风管制作相关工序顺序自动完成,实现了直风管加工和风管配件下料的自动化。该技术工艺先进、产品质量稳定,制作、安装生产效率高,成型质量好,减少环境污染,缩短施工周期。具体应用效果见表 9.4-9。

（7）机电消声减振综合施工技术

机电消声减振综合施工技术是实现机电系统设计功能的保障。通过对机电系统噪声及振动产生的源头、传播方式与传播途径、受影响因素及产生的后果等进行细致分析,制定消声减振措施方案,对其中的关键环节加以适度控制,实现对机电系统噪声和振动的有效防控。具体应

金属风管预制安装施工技术应用效果情况表　　　　表 9.4-9

序号	应用部位	规范标准	本项目应用情况	应用效果
1	通风管道安装	风管成品不允许有变形、扭曲、开裂、孔洞等缺陷。安装的阀体消声器、罩体、风口等部件应检查调节装置是否灵活。施工应依据《建筑工程施工质量验收统一标准》GB 50300、《通风与空调工程施工质量验收规范》GB 50243、《通风管道技术规程》JGJ/T 141 等标准和规范	通风空调系统中工作压力不大于 1500Pa 的非防排烟系统、风管边长尺寸不大于 1500mm 的波钢板法兰矩形风管的制作与安装	采用金属风管预制安装施工技术不仅能节约材料，而且通过新型自动化设备生产使得生产效率提高、制作精度高、风管成型美观、安装简便

机电消声减振综合施工技术应用效果情况表　　　　表 9.4-10

序号	应用部位	规范标准	本项目应用情况	应用效果
1	机电设备减振措施	机电工程中，除了对风机、水泵等产生振动的设备设置弹性减振支座外，还应在风机与管路之间采用软管连接，软管宜采用人造材料或帆布材料制作，水泵、冷水机组、风机盘管、空调机组等机电设备与水管之间用软管连接，不使振动传递给管路	在机电系统中设置消声减振设备（设施），改变或阻断声与振动的传播路径，如设备采用浮筑基础、减振浮台及减振器等的隔声隔振构造，管道与结构、管道与设备、管道与支吊架及支吊架与结构（包括钢结构）之间采用消声减振的隔离隔断措施，如套管、避振器、隔离衬垫、柔性软接、避振喉等	可以有效地降低机械设备的噪声和振动，减少对周围环境和人体健康造成的影响

用效果见表 9.4-10。

1）优化机电系统设计方案，对机电系统进行消声减振设计。机电系统设计时，在结构及建筑分区的基础上充分考虑满足建筑功能的合理机电系统分区，为需要进行严格消声减振控制的功能区设计独立的机电系统，根据系统消声、减振需要，确定设备（设施）技术参数及控制流体流速，同时避免其他机电设施穿越。

2）在机电系统设备（设施）选型时，优先选用低噪、低振的机电设备（设施），如箱式设备、变频设备、缓闭式设备、静音设备，以及高效率、低转速设备等。

3）机电系统安装施工过程中，在进行深化设计时要充分考虑系统消声、减振功能需要，通过隔声、吸声、消声、隔振、阻尼等处理方法，在机电系统中设置消声减振设备（设施），改变或阻断噪声与振动的传播路径。

（8）建筑机电系统全过程调试技术

施工阶段，通过科学合理的组织，精心编制技术方案，进行常规机电、系统机电设备测试、系统运行测试等，并明确测试范围，明确测试方法、目标参数值允许偏差、调试工作绩效评定标准，确保设备稳定运行。

在交付和运行阶段，确保机电系统及部件的持续运行、维护和调节及相关文件更新均能满足业主最新项目要求。具体应用效果见表 9.4-11。

建筑机电系统全过程调试技术应用效果情况表 表9.4-11

序号	应用部位	规范标准	本项目应用情况	应用效果
1	交付运营阶段全线站后专业调试	符合设计及满足业主使用要求	机电系统及部件安装满足业主要求	1. 减少了站后各类机电设备出现故障的频率，保证机电设备良好的性能。 2. 确保了网络控制器、电源线、网关等电子设备的正确连接。 3. 通过站后机电设备共同调试，确保了机电设备的稳定运行和高效工作。特别是在大型机械设备上，可以有效避免安全事故的发生

建筑机电系统全过程调试技术应用效果情况表 表9.4-12

序号	应用部位	规范标准	本项目应用情况	应用效果
1	铺轨基地	1. TSP 指数不大于 115μg/m³。 2. PM$_{10}$ 不大于 154μg/m³。 3. PM$_{2.5}$ 不大于 110μg/m³	1. TSP 指数小于 80μg/m³。 2. PM$_{10}$ 小于 70μg/m³。 3. PM$_{2.5}$ 小于 110μg/m³	施工现场扬尘控制指标优于规范要求，效果良好

9.4.5 绿色施工技术

（1）施工扬尘控制技术

城市轨道交通工程在轨排拼装、材料倒运及吊装、场段碎石道床铺砟等施工过程中不可避免地会出现扬尘现象，忽视扬尘的有效控制与处理，不仅会导致施工现场与周边区域充斥着大量粉尘，威胁施工人员与人民群众的生命健康安全，影响其他施工工序以及居民日常生活的正常开展，还会造成大气污染，降低空气质量。一方面，在铺轨基地施工作业过程中应用扬尘控制技术，通过在基地内配置专门的洒水车与除尘喷雾机进行喷洒治理，重点控制易产生粉尘的施工工序，缩小粉尘扩散范围，另一方面，通常情况下，车辆及相关设施设备在运行过程中由于施工现场情况影响也会产生粉尘现象，为有效控制粉尘，在相关车辆运输过程中，及时对车辆轮胎进行冲洗润湿，降低车辆可带动的粉尘数量，减少粉尘的扩散规模，并在材料运送完毕之后及时覆盖，从源头控制粉尘的产生。具体应用效果见表9.4-12。

（2）噪声控制技术

在城市轨道交通施工过程中，产生噪声污染的因素众多，包括轨排拼装噪声、钢筋加工噪声、门式起重机安装拆卸噪声、混凝土浇筑噪声等，如若不重视噪声控制，会对周边人民群众的日常生活带来困扰。首先，在节能绿色环保技术的应用过程中，充分利用扬尘噪声监控系统在施工现场的使用性能优势，实时监控、严格控制施工现场噪声，确保施工现场噪声符合工程施工相关规定，将白天的噪声控制在 70dB，夜间的噪声控制在 55dB 以内，尽可能最大程度降低噪声。其次，结合本项目施工现场实际情况，科学选择安装施工现场隔声设备，如隔声板等，进而在一定程度上控制噪声外扩。最后，项目在施工过程中，严格遵守相关施工规定要求，根据周边环境合理选择噪声项目施工时间。具体应用效果见表9.4-13。

（3）工具式定型化临时设施技术

通过工具化可拆式的防护实现临边作业人员安全及作业区域划分。当轨排井洞口短边尺寸大于 1500mm 时，洞口四周应搭设不低于 1200mm 防护，下口设置踢脚线，并张挂

建筑机电系统全过程调试技术应用效果情况表　　表 9.4-13

序号	应用部位	规范标准	本项目应用情况	应用效果
1	铺轨基地	1. 白天施工噪声小于 70dB。 2. 白天施工噪声小于 55dB	1. 白天施工噪声小于 70dB。 2. 白天施工噪声小于 50dB	施工现场噪声控制符合规范标准要求

建筑机电系统全过程调试技术应用效果情况表　　表 9.4-14

序号	应用部位	规范标准	本项目应用情况	应用效果
1	铺轨基地轨排井	轨排井短边小于 1.5m，设置不低于 1.2m 的防护护栏	轨排井短边小于 1.5m，设置不低于 1.2m 的防护护栏	保障了铺轨基地施工安全，降低了安全事故风险发生率
2	钢筋加工棚	符合现场钢筋加工需求	符合现场钢筋加工需求	满足现场施工生产要求

建筑隔振技术应用效果情况表　　表 9.4-15

序号	应用部位	规范标准	本项目应用情况	应用效果
1	减振垫浮置板道床	列车通过减振垫浮置板道床时，传到隧道壁的 Z 振级比普通整体道床减少 10dB 以上	符合设计要求	减少了列车运行的振动和噪声，提高了乘客的乘车舒适度
2	钢弹簧浮置板道床	列车通过减振垫浮置板道床时，传到隧道壁的 Z 振级比普通整体道床减少 15dB 以上	符合设计要求	

水平安全网，防护距离洞口边不小于 200mm。可周转钢筋加工棚基础采用 C30 混凝土浇筑，预埋 80mm×80mm×10mm 角钢。立柱采用 200mm×200mm 型钢，立杆上部焊接 500mm×200mm×10mm 的钢板，以 M12 的螺栓连接桁架主梁，下部焊接活动滑轮。斜撑为 100mm×50mm 方钢，斜撑的两端焊接 150mm×200mm×10mm 的钢板，以 M12 的螺栓连接桁架主梁和立柱。具体应用效果见表 9.4-14。

9.4.6　抗震、加固与检测技术

徐州地铁 3 号线高等级减振道床施工过程中应用了抗震、加固与检测技术中的建筑隔振技术。浮置板整体道床采用专门的减振垫，采用天然橡胶或合成橡胶材质，是由一层隔离膜放置于基底面，将道床与基底分离，形成刚度很低的柔性底层，使基础和道床断开，将轨道分为上部结构、隔振垫和下部基础三部分，延长上部结构的基本周期，使上部结构与水平地面运动在相当程度上解除了耦联关系，同时利用隔振层的高阻尼特性，减少噪声，增加列车运营的平稳性与舒适性。具体应用效果见表 9.4-15。

9.4.7　信息化技术

（1）基于 BIM 的现场施工管理信息技术

利用 BIM 建模，运用的 BIM 技术应具备可视化、可模拟、可协调等能力，实现施工模型与施工阶段实际数据的关联，进行系统机电设备等专业在施工阶段的综合碰撞检查、分析和模拟。运用 BIM 技术，实现危险源的可视标记、定位、查询分析。安全围栏、标识牌、遮拦网

等需要进行安全防护和警示的地方在模型中进行标记，提醒现场施工人员安全施工。具体应用效果见表 9.4-16。

（2）基于大数据的项目成本分析与控制信息技术

利用云筑网云筑智联平台，统一采集工地各智能设备数据，集成标准化数据，对数据进行储存、上传、分发。对项目基础信息进行更新维护，对智能设备进行统一的管理配置，形成项目侧唯一的数据集成管理端。系统将逐步沉淀项目施工过程数据，以大数据为基础，云计算及深度学习为手段，实现施工过程中智慧化管理、智慧化生产、智慧化监控、智慧化服务目标。具体应用情况见表 9.4-17。

（3）基于云计算的电子商务采购技术

站后总包部搭建基于云服务的电子商务采购平台，统一采购资源，实现各标段材料设备电子化采购。平台功能主要包括：采购计划管理、互联网采购寻源、材料电子商城、订单送货管理、供应商管理、采购数据中心等。通过平台应用，可聚合标段采购需求，优化采购流程，提高采购效率，降低工程采购成本，实现阳光采购，提高企业经济效益。具体应用效果见表 9.4-18。

基于 BIM 的现场施工管理信息技术应用效果情况表　　　　　　　　　　表 9.4-16

序号	应用部位	规范标准	本项目应用情况	应用效果
1	施工全过程	满足施工生产需求	1. 在施工蓝图的基础上，结合站后各机电专业施工工艺及现场管理需求，进行深化设计和调整，形成施工 BIM 模型，实现了 BIM 模型在设计与施工阶段的无缝衔接。 2. 实现了机电设备等各专业在施工阶段的综合碰撞检查、分析和模拟，有效规避了施工阶段的侵限问题。 3. 通过物联网技术自动采集施工现场实际进度的相关信息，实现与项目计划进度的虚拟比对。 4. 利用移动设备，可即时采集图片、视频信息，并能自动上传到 BIM 施工现场管理平台，责任人员在移动端即时得到整改通知、整改回复的提醒，实现质量管理任务在线分配、处理过程及时跟踪的闭环管理等的要求。 5. 运用 BIM 技术，实现危险源的可视标记、定位、查询分析。安全围栏、标识牌、遮拦网等需要进行安全防护和警示的地方在模型中进行标记，提醒现场施工人员安全施工	提高了站后各专业施工效率和质量，优化了资源配置、减少工程质量问题、提升了安全管理水平

基于大数据的项目成本分析与控制信息技术应用效果情况表　　　　　　　　　　表 9.4-17

序号	应用部位	规范标准	本项目应用情况	应用效果
1	施工全过程	满足施工生产需求	1. 建立了项目成本数据采集模型，收集成本管理系统中存储的海量成本业务数据。 2. 建立了价格指标关联分析模型，以地区、业务板块和业务发生时点为主要维度，结合政策调整、价格变化等相关社会经济指标，对劳务、物资和机械等成本价格进行挖掘，提取适合各项目的劳务分包单价、物资采购价格、机械租赁单价等数据，并输出到成本管理系统中作为项目成本的控制指标。 3. 采用可视化分析技术，建立项目成本分析模型，从收入与产值、预算成本与实际成本、预计利润与实际利润等多个角度对项目成本进行对比分析，对成本指标进行趋势分析和预警	1. 提高了站后总包工程成本分析的准确性和效率。 2. 提供了更精细化的项目成本管理手段，从而优化了资源配置

基于云计算的电子商务采购技术应用效果情况表　　　　　　　　　　　　表 9.4-18

序号	应用部位	规范标准	本项目应用情况	应用效果
1	施工全过程	满足施工生产需求	1. 搭建了云基础服务平台，实现系统负载均衡、多机互备、数据同步及资源弹性调度等机制。 2. 规范统一了材料设备分类与编码体系、供应商编码体系和供应商评价体系。 3. 通过统一信用代码校验及手机号码校验，确认用户信息的一致性和真实性。云平台需通过数字签名系统验证用户登录信息，对用户账户信息及投标价格信息进行加密存储，通过系统日志自动记录采购行为，以提高系统安全性及法律保障。 4. 支持移动终端设备，实现了供应商查询、在线下单、采购订单跟踪查询等。 5. 与项目管理系统需求计划、采购合同及与企业 OA 系统的采购审批流程对接，提供了与其他相关业务系统的标准数据接口	提高了采购效率和灵活性，降低了成本，增强了数据安全性

（4）基于互联网的项目多方协同管理技术

以计算机支持协同工作（CSCW）理论为基础，以云计算、大数据、移动互联网和 BIM 等技术为支撑，构建的多方参与的协同工作信息化管理平台。通过工作任务协同管理、质量和安全协同管理、图档协同管理、项目成果物的在线移交和验收管理、在线沟通服务，解决图档混乱、数据管理标准不统一等问题，实现项目各参与方之间信息共享、实时沟通，提高项目多方协同管理效率。具体应用效果见表 9.4-19。

（5）基于移动互联网的项目动态管理信息技术

综合运用移动互联网技术、视频监控技术、计算机网络技术，对施工现场的设备调度、计划管理、安全质量监控等环节进行信息即时采集、记录和共享，满足现场多方协同需要，通过数据的整合分析实现项目动态实时管理，规避项目过程各类风险。在施工现场设置二维码，在施工现场，材料堆放区等地设置视频监控，同时管理人员配置移动终端，移动终端将在施工现场采集的设备信息、安全信息、施工信息通过移动互联网传输至项目管理部，从而实现项目进度管理，项目安全管理、项目质量管理，数据管理等功能。具体应用效果见表 9.4-20。

基于互联网的项目多方协同管理技术应用效果情况表　　　　　　　　　　　　表 9.4-19

序号	应用部位	规范标准	本项目应用情况	应用效果
1	施工全过程	满足施工生产需求	1. 采用云模式及分布式架构部署协同管理平台，支持基于互联网的移动应用，实现项目文档快速上传和下载。 2. 具备即时通信功能，统一身份认证与访问控制体系，实现多组织、多用户的统一管理和权限控制，可存储和管理海量文档。 3. 针对项目施工图纸、文档等进行图形、文字、声音、照片和视频的标注。 4. 具备任务编排功能，支持父子任务设计，方便逐级分解和分配任务，支持任务推送和自动提醒。 5. 具备大数据分析功能，支持质量、安全缺陷事件的分析，防范质量、安全风险	提升了项目的整体管理水平，为项目的成功实施提供了有力支持

基于移动互联网的项目动态管理信息技术应用效果情况表　　表 9.4-20

序号	应用部位	规范标准	本项目应用情况	应用效果
1	施工全过程	满足施工生产需求	1. 应用了移动互联网技术，实现在移动端对施工现场设备进行安全、高效的统一调配和管理。 2. 结合 LBS 技术通过对移动轨迹采集和定位，实现移动端自动采集现场设备工作轨迹和工作状态。 3. 建立协同工作平台，实现多专业数据共享，实现安全质量标准化管理	促进了信息透明化和加强了多方协同能力

基于物联网的劳务管理信息技术应用效果情况表　　表 9.4-21

序号	应用部位	规范标准	本项目应用情况	应用效果
1	施工全过程	满足施工生产需求	1. 基于物联网的劳务管理系统具备安全认证、权限管理、表单定制等功能。 2. 系统提供与物联网终端设备的数据接口，实现对身份证阅读器、视频监控设备、门禁设备、通行授权设备、工控机等设备的数据采集与控制。 3. 门禁方式采用人脸识别闸机门禁，单台人脸识别设备最少支持存储 1000 张人脸信息；闸机通行不低于 10 人次/min。 4. 对现场人员进出划设区域进行授权管理，不同授权人员只能通行对应的区域。 5. 门禁控制器可记录进出场人员信息，统计进出场时间，并实时传输到云端服务器；支持断网工作，数据可在网络恢复以后及时上传；断电设备无法工作，但已采集记录数据可以保留 30 天	1. 提供了与物联网终端设备的数据接口，实现对身份证阅读器、视频监控设备、门禁设备、通行授权设备、工控机等设备的数据采集与控制。 2. 门禁方式采用 IC 卡闸机门禁及人脸识别闸机门禁。单台人脸识别设备支持存储 1000 张人脸信息。 3. 可对人员作业区域进行授权管理，不同授权人员只能通行对应的区域。 4. 门禁控制器能记录进出场人员信息，统计进出场时间，并实时传输到云端服务器；且支持断网工作，数据可在网络恢复以后及时上传；断电设备无法工作时，已采集记录的数据可以保留 30 天。 5. 可对人员年龄超龄控制、黑名单管控规则、长期未进场人员控制、未接受安全教育人员控制等灵活控制。 6. 能够通过移动终端设备实现人员信息查询、安全教育登记、查看统计分析数据、远程视频监控等实时应用

（6）基于物联网的劳务管理信息技术

通过劳务人员配置身份识卡在闸机通过记录与视频监控资料的双重认证，从而达到工人实名制管理、考勤管理、安全教育管理、数据收集整理对比的功能。具体应用效果见表 9.4-21。

9.5　样板引路

徐州地铁 3 号线在施工之前，站后总包部依据《站后工程质量管理办法》中的样板引路制度，对施工样板进行了详细的策划，组织各标段制作形成了站后 8 个专业的 74 个质量样板，以确定工程施工流程、材料、工艺和质量标准。样板引路在工程中展示了新技术、统一了施工标准、预防了质量通病、提高了施工质量、提升了企业形象与品牌。各专业样板展示如下。

9.5.1 轨道专业样板（表 9.5-1）

轨道样板标准　　　　　　　　　　　　　　　　　　　　　　　表 9.5-1

序号	项目	样板标准	样板展示
1	一般整体道床	1. 标准轨距 1435mm，允许偏差 -1～+2mm。 2. 线路水平符合设计文件要求，允许偏差 0～+2mm。 3. 线路轨向、高低符合设计文件要求，直线段允许偏差 0～+2mm/10m 弦，曲线段按设计要求。 4. 线路高程符合设计文件要求，允许偏差 0～+5mm。 5. 轨枕间距符合设计文件要求，允许偏差 -5～+5mm。 6. 道床面平整度符合设计要求，允许偏差小于 3‰	
2	减振垫浮置板整体道床	1. 线路几何尺寸、道床面等与一般整体道床标准相同。 2. 减振垫基底标高符合设计要求，允许偏差 -5～+10mm。 3. 基底平整度符合设计要求，允许偏差 0～+5mm	
3	钢弹簧浮置板整体道床	1. 线路几何尺寸、道床面等与一般整体道床标准相同。 2. 浮置板基底标高符合设计要求，允许偏差 0～+5mm。 3. 隔振器套筒符合设计文件要求；允许偏差为 -5～+5mm。 4. 浮置板道床宽度符合设计要求，允许偏差为 -10～+10mm（比规范要求精度提高了 10mm）	
4	道岔整体道床	1. 查照间隔不应小于 1391mm；护背距离不应大于 1348mm。测量位置按照设计文件要求。 2. 基本轨应落槽，滑床板应平正，轨撑与轨头下颚和垫板挡间应密贴、钢轨接头、尖轨尖端、根部、辙叉心等部位不应有空吊板，其他部位不应有连续空吊板，空吊板率不应大于 8%。 3. 尖轨密贴动作要求，空动距离应在 5mm 以上，各种连接杆的调整丝扣露出螺母外的余量不小于 10mm	
5	碎石道床	1. 道砟质量应符合设计及现行标准要求。 2. 底砟厚度符合设计要求，允许偏差 -50～+50mm，半宽允许偏差 0～+50mm。 3. 道砟压实度符合设计要求，且不小于 1.7g/cm³。 4. 道床整理砟肩宽度符合设计要求，允许偏差为 0～+50mm，厚度允许偏差应为 -50～+50mm	
6	碎石道岔道床	1. 碎石道岔几何尺寸要求按照整体道床道岔铺设。 2. 道岔道床整理砟肩宽度允许偏差 0～+50mm，允许偏差应为 -50～+50mm	

9.5.2　变电专业样板（表 9.5-2）

变电专业样板标准　　　　　　　　　　　　　　　　表 9.5-2

序号	项目	样板标准	样板展示
1	电缆桥支架安装	1. 打孔过程中保持孔洞的垂直。 2. 电缆支架应安装牢固，横平竖直，固定方式应符合设计要求。 3. 电缆支架间距不得大于 800mm	
2	接地装置安装	1. 接地线应水平或垂直。 2. 在接地线跨越建筑物伸缩缝、沉降缝时，应设置补偿器，补偿器可用接地线本身弯成弧状代替。 3. 接地干线的焊接应采用搭接焊，其搭接长度不小于扁钢宽度的 2 倍且至少 3 个棱边焊接。 4. 接地干线穿墙处需加玻璃钢管，玻璃钢管需伸出墙体 10mm，玻璃钢管口两端需用防火堵料（封堵泥）封堵严实	
3	设备安装（盘柜）	1. 盘柜的固定及接地应可靠，盘、柜间的漆层应完好、清洁整齐、标识规范。 2. 屏柜间、高压开关柜的金属框架必须可靠接地，可开启的门与框架接地端子间应用穿透明塑料管的铜编织线连接。 3. 需要绝缘安装的柜体安装完毕后，柜体的整体框架对地绝缘电阻不应小于 1MΩ；绝缘板布置平直，安装牢固，露出框架四周应不小于 50mm。 4. 盘、柜安装的垂直度、水平度及柜间缝隙的安装符合现行国家标准	
4	变压器安装	1. 绕组完好、内部干净、表面光滑。 2. 铁芯应无多点接地。 3. 变压器单芯电缆应采用非导磁卡子固定，同一回路的三相电缆应全部穿入同一闭合金属结构中	
5	一、二电缆敷设	1. 电缆敷设的最小弯曲半径应符合现行国家标准。 2. 交流系统的单芯电缆或分相后的分相铅套电缆的固定夹具不应构成磁性闭合磁路。 3. 电缆排列整齐、少交叉，垂直敷设或大于 45° 倾斜敷设的电缆在每个支架上固定。 4. 电力电缆和控制电缆不应敷设在同一层支架上。高低压电力电缆，强电、弱电控制电缆应按顺序分层敷设	
6	一次电缆头制作	1. 电缆头制作完毕后的绝缘电阻应满足规范要求。 2. 在切削半导电层时，刀头的划痕不能深入主绝缘内，更不能将半导电物质带入主绝缘中，半导电切口处应打磨光滑。 3. 高压电缆两根接地铜线应分别与钢铠和铜屏蔽层可靠连接	

续表

序号	项目	样板标准	样板展示
7	二次电缆配线	1. 盘、柜内的导线不应有接头，导线线芯应无损伤。 2. 盘柜内的电缆芯线接线应牢固、排列整齐，并应留有适当的裕度备用芯线应引至盘柜顶部或线槽末端，并应标明备用标识，芯线导体不得外露。 3. 电缆芯线和所配导线的端部均应标明其回路编号，编号应正确，字迹清楚且不易脱色，导线与电气元件应连接牢固	
8	光缆接续	1. 光缆在中间头接续余留应不小于 2~3m，终端接续预留应不小于 15m。 2. 光纤接续时应按光纤色谱、排列顺序，一一对应接续；光纤接续部位应用热缩加强管保护，加强管收缩应均匀、无气泡。单个光纤接头衰耗 ≤ 0.03dB，且接头无气泡、无明显接痕	
9	环网电缆敷设	1. 电缆敷设时应排列整齐、固定牢固、不宜交叉，并及时装设标识牌。 2. 电缆敷设路径、终端位置符合设计要求。 3. 电缆高度发生变化时，其坡度平缓；直敷电缆进入建筑物时应采用非磁性钢管进行保护。 4. 电力电缆和控制电缆不应敷设在同一层支架上。高低压电力电缆，强电、弱电控制电缆应按顺序分层敷设	
10	环网电缆头制作	1. 电缆应有明显的相色标志，且应与系统的相位一致。 2. 设置在区间的中间头，三相接头位置需错开，其距离不应小于 2m。 3. 在电缆中间接头处，其电缆铠装、金属屏蔽层均应有良好的电气连接并互相绝缘；电缆终端头处，电缆铠装、金属屏蔽层应分别用接地线在两端引出，接地位置及方式符合设计文件要求	
11	传感器安装	1. 支架或固定支架的螺栓不能与道床或隧道壁内部的结构钢筋有任何连接点。 2. 所有螺栓连接紧固，无松脱现象。 3. 传感器安放端正、工艺美观，安装标高、位置符合设计规定，不得进入站在车站有效站台内乘客的视野中，且不得侵入限界	

9.5.3　弱电专业样板（表 9.5-3）

弱电专业样板标准　　　　　　　　　　　　　　　　表 9.5-3

序号	项目	样板标准	样板展示
1	区间托臂支架安装	1. 支架固定方式应符合设计要求，安装支架所用螺栓必须配有一平垫一弹垫。 2. 支架安装高度及间距符合设计要求。 3. 接地扁钢接头和支架必须保持 100mm 的距离，扁钢搭截面为 100mm，不能戳接，再近就用电缆接地母排连接	
2	光电缆敷设	1. 光电缆敷设的弯曲半径应符合下列规定：全塑电缆不得小于电缆外径的 10 倍；铠装电缆不得小于电缆外径的 15 倍；光缆敷设时的弯曲半径不得小于电缆外径的 15 倍。 2. 光电缆在支架上应分层敷设、排列整齐、自然松弛，同层架设时不应扭曲、交叉；在线槽内敷设时应排列整齐，不应扭绞、交叉及溢出线槽	
3	光电缆引入	1. 光电缆引入后的储备量整齐排列在通号电缆间，盘放在专用支架上，预留量成"S""Ω"形布放，光电缆预留。 2. 光电缆敷设及引入时，不得有硬弯或背扣。 3. 电（光）缆两端应挂铭牌，标明型号、去向、芯数、用途；铭牌字迹应工整、不模糊，具有耐久、防水等特点	
4	电缆接续	1. 综合扭绞信号电缆接续应 A 端与 B 端相接，相同芯组内颜色相同的芯线相接。 2. 相同芯线的电缆接续时，备用芯线应连通	
5	光缆接续	1. 光缆在中间头接续余留应不小于 2～3m，终端接续预留应不小于 15m。 2. 光纤接续时应按光纤色谱、排列顺序，一一对应接续；光纤接续部位应用热缩加强管保护，加强管收缩应均匀、无气泡。单个光纤接头衰耗 ≤ 0.03dB，且接头无气泡、无明显接痕	
6	机柜安装	1. 机柜安装应横平竖直、端正稳固，同排应正面处于同一水平面、底部处于同一直线，机柜（架）铭牌和标识应正确、清晰、齐全。 2. 整列机柜前端面在平行直线上偏差小于 5mm，每个机柜水平偏差小于 2mm，各机柜间缝隙小于 1mm。 3. 机柜及其他设备安装，机柜的前后及左右倾斜偏差，应小于机柜高度的 1‰	

续表

序号	项目	样板标准	样板展示
7	室内线缆敷设	1. 布线不宜交叉，线束应绑扎整齐，线槽出线应顺直。配线绝缘层不得破损，严禁中间接头。 2. 信号线与电源线应分开分层布放，配线线缆布放应留有余量，配线线缆布放弯曲半径应满足线缆最小弯曲半径的要求	
8	室内设备配线	1. 配线端子应稳定、可靠，配线工艺美观、整齐、接触牢固，不得压着外皮。 2. 当线缆采用插接方式连接时，应一孔一线，严禁一孔插接多根导线。 3. 当线缆采用接线端子方式连接时，每个端子上配线不宜超过两个线头。 4. 当线缆采用焊接方式连接时，不得使用带腐蚀性的焊剂；焊接应牢固，焊点应饱满光滑、无毛刺，配线应无脱焊、断股现象	
9	室内设备接地	1. 室内设备接地严格按照室内设备布置及接地图纸描述为准。 2. 室内地线连接后，接地线两端均需挂设电缆标牌，同时对接地电阻进行测试，接地电阻应不大于1Ω	
10	防火封堵	机柜及电缆引入孔应进行防火防鼠封堵，封堵应严密，平整光滑	
11	摄像机安装	1. 根据图纸和现场勘查情况确定摄像机具体安装位置。 2. 摄像机的规格、型号、高度、安装位置应符合设计要求。 3. 摄像机的线缆连接应符合设计要求，且牢固可靠。 4. 线缆接续后进行绝缘、防水处理。 5. 壁装固定摄像机支架的长度不得小于固定摄像机外护罩固定点至护罩尾部的长度，保证调整摄像机角度的过程中不会碰到墙壁	
12	PIS 屏安装	1. PIS 屏的规格、型号、高度、安装位置应符合设计要求。 2. PIS 屏的线缆连接应符合设计要求，且牢固可靠。 3. 线缆接续后进行绝缘、防水处理	
13	室外子钟设备安装	1. 子钟的规格、型号、高度、安装位置应符合设计要求。 2. 子钟应安装牢固，符合验标要求。 3. 子钟的线缆连接应符合设计要求，且牢固可靠。 4. 线缆接续后进行绝缘、防水处理	

续表

序号	项目	样板标准	样板展示
14	吸顶式天线安装	1. 天线的规格、型号、安装位置应符合设计要求。 2. 天线应安装牢固，符合验标要求。 3. 天线的射频电缆连接应符合设计要求，且牢固可靠。 4. 线缆接续后进行防水处理。 5. 射频电缆接头制作完成后测试驻波比小于1.5	
15	信号机安装	1. 信号机安装高度允许偏差为 ±100mm；信号机机柱垂直于安装平面，与安装平面的横向偏移不大于36mm；机柱的弯曲度不应大于机柱长度的1/200。 2. 信号机机构规格、型号、灯光配列正确，无斑点，无裂纹。机构之间的连接螺纹无锈蚀、无松动、紧固件应平衡拧紧，螺杆露出螺母2~3个螺距	
16	转辙机安装	1. 转辙机安装装置的零部件安装应正确、齐全；螺栓应紧固、无松动；开口销应齐全，其双臂对称劈开角度为60°~90°。 2. 转辙机各种连接杆的调整丝扣余量不应小于10mm。 3. 电动转辙机的动作杆与密贴调整杆安装在一条直线上，与表示杆、道岔第一连接杆平行。 4. 转辙装置应确保道岔正常转换，道岔尖轨应与基本轨密贴，道岔开程应符合转辙装置安装的要求	
17	计轴设备安装	1. 计轴磁头应安装在同一根钢轨上，磁头安装必须用绝缘材料与钢轨隔离。 2. 磁头在钢轨上的安装孔中心距轨底高度、孔径、孔与孔的间距应符合相关技术要求，两相邻磁头的安装间距应符合设计要求。 3. 计轴装置采用的专用电缆，其长度应符合设计要求；电缆走线应平缓走向，严禁盘圈、弯折	
18	应答器安装	1. 应答器的安装高度，以及纵向、横向偏移量应符合设计要求和相关技术要求。 2. 以有源应答器几何中心作为坐标原点，在有源应答器 X 轴方向630mm、Y 轴方向820mm、Z 轴方向210mm范围内，不允许有金属物体。 3. 有源应答器进入终端盒的连接电缆应采取机械防护措施，并应用卡具固定牢固；内部配线应正确，连接牢靠；灌胶应严密、防潮性能良好	
19	箱盒安装及配线	1. 箱盒的安装位置、安装高度及距线路中心的距离应符合设计要求。 2. 引入箱盒内的电缆应在端子上与其他电缆或设备软线进行连接，每根芯线应留有能做2~3次线环的余量，备用芯线的长度应保证与最远端子进行配线连接。 3. 电缆引进箱盒后，应用绝缘胶灌注固定；灌胶深度宜为30mm；灌注绝缘胶后的胶面应整洁明亮	

续表

序号	项目	样板标准	样板展示
20	IBP 盘安装	1. IBP 盘安装时，应统筹考虑车控室布置的美观大方，安装位置及水平、垂直角度符合设计要求。 2. IBP 盘台的上方不能敷设管道，屏底座周围采取封闭措施，引进机柜内或 IBP 盘台内的电缆固定牢靠，电缆按设计要求挂牌，挂牌为永久性标志，同时 IBP 盘上各终端设备和显示屏布置整齐美观	
21	气灭钢瓶安装	1. 安装时压力表观察面及产品标牌朝外。钢瓶排列整齐，安装方式和间距符合设计要求。 2. 抱卡的高度在钢瓶 2/3 左右并尽量避开标牌	

9.5.4　接触网专业样板（表 9.5-4）

接触网专业样板标准　　　　　　　　　　　　　　　　表 9.5-4

序号	项目	样板标准	样板展示
1	悬挂支持装置安装	1. 安装到位稳固，支撑面顺线路铅垂。 2. 所有调节孔位均应居中安装。调整螺栓应有不小于 15mm 的调节余量	
2	汇流排安装	1. 架线作业车组以不大 5km/h 匀速架线。 2. 接触导线嵌入汇流排前必须在两凹槽内均匀注入导电油脂，应无遗漏	
3	架空地线	1. 架空地线不得有两股以上的断股，一个锚段内，断股补强和接头不应超过 1 个，接头悬挂点的距离不应小于 500mm。 2. 架空地线的弛度应符合设计安装曲线，其允许偏差为 -2.5%~5%，在最大弛度时，必须保证架空地线及其金具距接触网带电体的距离不小于 150mm	
4	电连接安装	1. 电连接线不应有断股、散股。 2. 电连接安装前应清洁汇流排及线夹的接触面，不应有灰尘、脏物。 3. 电连接线与接线端子压接良好。电连接线夹与电连接线接触良好，接触面涂电力复合脂，线夹安装端正牢固，螺栓紧固力矩符合要求	

续表

序号	项目	样板标准	样板展示
5	门型支架安装	在门型支架中部对称套上两条尼龙吊带,在门型支架两端各绑两条大绳,将尼龙吊带和起重吊钩连接稳固。当门型支架上升高于柱顶200～300mm时停止上升。使柱顶对准门型支架的过渡套管,缓缓落下。两梁柱接头完全进入过渡套管内后,拧紧支柱的全部螺母至设计力矩值	
6	腕臂安装	1. 平腕臂受力后呈水平状态,允许偏差为 +30~0mm;定位管的状态应符合设计要求,允许偏差为 ±2%。 2. 腕臂预配时应保证斜腕臂与套管双耳中心位于同一垂面上。 3. 腕臂安装位置及连接螺栓紧固力矩应符合设计要求。在平均温度时,应垂直于线路中心;温度变化时的偏移不得大于计算值。腕臂无弯曲、承力索悬挂点距轨面的高度应符合设计要求,允许偏差 ±20mm	
7	下锚安装	1. 承力索、接触线在补偿装置的额定张力应符合设计要求,补偿装置重量的偏差为额定重量的 ±1.5%(坠砣串重量含坠砣杆、坠砣抱箍及连接的楔形线夹重量),限制架安装应符合设计要求,补偿转动灵活,坠砣无卡滞现象。 2. 张力补偿装置的调整应符合设计安装曲线,坠砣距地面偏差不大于 ±200mm,在任何情况下坠砣距地面的距离,不能小于 200mm。坠砣完整,码放整齐、表面光洁,连接螺栓紧固,螺栓外露部分涂防腐油	
8	分段绝缘器安装	1. 分段绝缘器安装位置应符合设计要求,连接牢固可靠,与接触线接头处应平滑,分段绝缘器与受电弓接触部分与轨面连线平行,受电弓通过时应平滑无打弓现象。 2. 装设分段处的绝缘子串的安装位置应符合设计要求,允许偏差为 ±50mm,承力索、接触线两绝缘子串中心应对齐,允许偏差为 ±30mm	
9	吊弦安装	吊弦顺直、铅垂,无有死弯。螺栓穿向统一合理且不侵入受电弓动态包络线,吊弦无散股和断股现象,线夹连接螺栓紧固力矩符合设计要求。各股道同类悬挂的吊弦在同一断面内	
10	隔离开关安装	隔离开关分、合顺利,角度符合产品技术文件要求。触头接触良好,无回弹现象。设备接线端子与隔离开关连接接触面涂电力复合脂	

9.5.5 疏散平台专业样板（表 9.5-5）

疏散平台专业样板标准 表 9.5-5

序号	项目	样板标准	样板展示
1	锚栓安装	1.用硬毛刷、吹气筒吹尽孔内粉屑，胶枪插入隧道壁孔底部注胶。 2.螺杆埋入前端有 45° 切角，后端旋入六角螺母，确认有化学药剂上升至孔口附近	
2	平台支架安装	1.螺栓安装完成后，经拉拔力试验测试合格，将平台支架安装于螺栓上。 2.对每一处平台支架进行调整，使疏散平台支架与轨道中心线垂直	
3	平台步板安装	1.平台步板按照现场实测的数值进行安装。步板内侧紧贴隧道壁，外侧直线段齐平，曲线段保持一定弧度。 2.平台步板与支架通过紧扣件进行连接，每块步板连接扣件不小于 2 个	
4	步梯扶手安装	1.扶手距离步板高度不小于 0.9m，且满足设计要求。 2.扶手接头腕扣紧固螺栓不少于两颗，腕扣内放置橡胶紧固钢管	

9.5.6　通风空调专业样板（表9.5-6）

通风空调专业样板标准　　　　　　　　　　　　　表9.5-6

序号	项目	样板标准	样板展示
1	风管制作	1. 表面应平整，无明显扭曲及翘角，凹凸不应大于10mm。 2. 风管边长小于或等于300mm时，边长的允许偏差不应大于2mm；风管边长大于300mm时，边长的允许偏差不应大于3mm。 3. 管口应平整，其平面度的允许偏差不应大于2mm。 4. 矩形风管两条对角线长度之差不应大于3mm	
2	风管安装	1. 法兰的连接螺栓应均匀拧紧，螺母宜在同一侧。 2. 风管接口的连接应严密牢固。风管法兰的垫片材质应符合系统功能的要求，厚度不应小于3mm。垫片不应凸入管内，且不宜突出法兰外；垫片接口交叉长度不应小于30mm。 3. 风管的连接应平直。明装风管水平安装时，水平度的允许偏差应为3‰，总偏差不应大于20mm；明装风管垂直安装时，垂直度的允许偏差应为2‰，总偏差不应大于20mm	
3	风管部件安装	1. 风管部件及操作机构的安装应便于操作。 2. 防火阀、排烟阀（口）的安装位置、方向应正确。位于防火分区隔墙两侧的防火阀，距墙表面不应大于200mm。 3. 直径或长边尺寸大于或等于630mm的防火阀，应设独立支吊架。 4. 风口的安装位置应符合设计要求，风口或结构风口与风管的连接应严密牢固，不应存在可察觉的漏风点或部位，风口与装饰面贴合应紧密。 5. 风口表面应平整、不变形，调节应灵活、可靠。同一厅室、房间内的相同风口的安装高度应一致，排列应整齐。明装无吊顶的风口，安装位置和标高允许偏差应为10mm。风口水平安装，水平度的允许偏差应为3‰。风口垂直安装，垂直度的允许偏差应为2‰	
4	风机安装	1. 风机安装中心线的平面位移允许偏差10mm，标高允许偏差±10mm。 2. 减振器的安装位置应正确，各组或各个减振器承受荷载的压缩量应均匀一致，偏差应小于2mm。 3. 通风机传动装置的外露部位以及直通大气的进、出风口，必须装设防护罩、防护网或采取其他安全防护措施	
5	冷水机组安装	1. 设备基础需进行麻面处理，并根据平面布置及深化图纸画出中心线，基础上画出底座纵、横中心线。 2. 机组安装时注意减震基础的选择使用。 3. 整体组合式制冷机组机身纵、横向水平度的允许偏差应为1‰。 4. 管道单独设支吊架进行支撑，机组设备不承受管道、管件及阀门的重量	

续表

序号	项目	样板标准	样板展示
6	空调机组	1. 吊运前核对空调机组与图纸上的设备编号及设备方向。 2. 设备就位的先后顺序，应由里到外。 3. 所有进、出风管应设支撑和固定支架，固定时地脚螺栓稳固，并设有防松动措施。 4. 机组安装时应注意减振基础及吊装机组弹簧减振器的选择和安装	
7	管道绝热	1. 绝热层应满铺，表面应平整，不应有裂缝、空隙等缺陷。当采用卷材或板材时，允许偏差应为 5mm；当采用涂抹或其他方式时，允许偏差应为 10mm。 2. 金属保护壳板材的连接应牢固严密，外表应整齐平整。 3. 圆形保护壳应贴紧绝热层，不得有脱壳、褶皱、强行接口等现象。接口搭接应顺水流方向设置，并应有凸筋加强，搭接尺寸应为 20～25mm。采用自攻螺钉紧固时，螺钉间距应匀称，且不得刺破防潮层。 4. 矩形保护壳表面应平整，棱角应规则，圆弧应均匀，底部与顶部不得有明显的凸肚及凹陷	

9.5.7 动照专业样板（表 9.5-7）

动照专业样板标准   表 9.5-7

序号	项目	样板标准	样板展示
1	配电箱柜安装	1. 落地配电柜安装用槽钢基础固定。 2. 明装配电箱采用膨胀螺栓在墙上固定，如墙体为空心砖，安装配电箱还需要使用对拉螺杆固定。 3. 柜内检查接线前对所接回路走向布置进行规划并先做绝缘电阻测试，不同回路的电缆、电线做好标识后用扎带绑扎好并固定	
2	灯具安装	1. 吊顶上灯具位置布局合理，对称，成行成线，标高一致，安装规范，协调美观。 2. 如果单排，位于楼道中间；如果两排以上，平均分布，并横平竖直；有分格的吊顶板上安装灯具，灯具安装取中心；异形顶上灯具安装，灯具沿弧线安装顺滑美观，间距一致	
3	开关、插座安装	1. 开关位置应与灯位相对应，同一室内开关方向一致，成排安装的开关高度一致。 2. 插座安装高度应符合设计图纸要求，一般距建筑装修地面 0.3m。开关边缘距门框边缘的距离宜为 0.15～0.2m	

续表

序号	项目	样板标准	样板展示
4	桥架安装	1. 金属桥架支吊架安装：间距均匀合理。支架、吊杆顺直无内（外）八字。镀锌或经过防腐处理。支架、吊杆长度一致。 2. 金属线架连接：对口平齐，线槽不要有错茬现象。厂家配套连接板、螺栓及其他附件，保证接地良好。 3. 金属桥架垂直下弯通及三通做法：三通应选用定型产品，没有直角弯。垂直下弯通采用厂家定型产品。 4. 金属桥架过墙壁、楼板处做防火封堵处理	
5	导管敷设	1. 金属导管的管箍连接，外露丝扣要一致，管箍用管钳拧紧。 2. 管道切断后清除毛刺，内径倒角；钢管套完丝后要注意保护，要采取防止丝扣缺损及生锈的措施。 3. 钢管套丝应清晰，相邻两扣丝同一部位不能缺损。 4. 暗配管当配管长度超过以下长度时要加接线盒：无弯时 30m，有一个弯时 20m，有两个弯时 15m，有三个弯时 8m，不允许有四个弯	
6	电线电缆敷设	1. 电缆终端头、拐弯处、夹层、竖井的两端等挂标牌；电缆在桥架内的排布整齐，绑扎牢固。 2. 线缆在电缆沟、电缆夹层内支架敷设时，应在每个支架上固定。 3. 电缆出入电缆沟处应进行防火封堵或采取密封措施	
7	动力设备安装	1. 电动机应与所驱动的机械安装固定在同一框架上，并按设计要求采取减振措施。 2. 电动机外露可导电部分必须与保护导体可靠连接。 3. 电动机安装应牢固，螺栓及防松零件齐全，不松动。防水防潮电动机的接线入口及接线盒盖等应做密封处理	
8	接地及等电位	1. 变配电室内的沿墙明敷的接地干线应与接地装置可靠连接，标识清晰，距墙面间隙宜为 10～20mm。 2. 接地干线全长或区间段及每个连接部位附近的表面，应涂以 15～100mm 宽度相等的黄绿相间条纹标识。 3. 接地干线应在不同的两点及以上与接地网相连接	

9.5.8 给水排水专业样板（表 9.5-8）

给水排水专业样板标准 表 9.5-8

序号	项目	样板标准	样板展示
1	管道支吊架安装	1. 无热伸长管道的吊架、吊杆应垂直安装。有热伸长管道的吊架、吊杆应向热膨胀的反方向偏移。 2. 金属管道立管管卡安装时，楼层高度小于或等于 5m，每层必须安装 1 个；楼层高度大于 5m，每层不得少于 2 个；管卡安装高度，距地面应为 1.5～1.8m，2 个以上管卡应匀称安装，同一房间管卡应安装在同一高度上。 3. 金属排水管道上的吊钩或卡箍应固定在承重结构上。固定件间距：横管不大于 2m；立管不大于 3m。楼层高度小于或等于 4m，立管可安装 1 个固定件。立管底部的弯管处应设支墩或采取固定措施	
2	管道安装	1. 明装管道成排安装时，直线部分应互相平行。曲线部分：当管道水平或垂直并行时，应与直线部分保持等距；管道水平上下并行时，弯管部分的曲率半径应一致。 2. 室内给水与排水管道平行敷设时，两管间的最小水平净距不得小于 0.5m；交叉铺设时，垂直净距不得小于 0.15m。给水管应铺在排水管上面，若给水管必须铺在排水管的下面时，给水管应加套管，其长度不得小于排水管管径的 3 倍。 3. 给水水平管道应有 2‰～5‰ 的坡度坡向泄水装置	
3	消火栓安装	1. 消火栓安装要求栓口朝外。 2. 消火栓箱中心距地面高度为 1.10m。 3. 箱内水带、喷枪要挂置整齐、无杂物，箱门开启灵活、方便，内外油漆光泽好，表面无碰损、起皮和污染现象	
4	洁具安装	支、托架防腐良好，安装平整、牢固；卫生器具安装牢固、平稳、完好，与墙地砖接合处打胶美观	
5	水泵安装	1. 整体安装的泵的安装水平，应在泵的进、出口法兰面或其他水平面上进行检测，纵向安装水平偏差不应大于 0.10/1000，横向安装水平偏差不应大于 0.20/1000；解体安装的泵的安装水平，应在水平中分面、轴的外露部分、底座的水平加工面上纵、横向放置水平仪进行检测，其偏差均不应大于 0.05/1000。 2. 同一泵房内多台水泵安装时，保持水泵安装高度一致，相应管道、阀门安装位置一致，保持美观。 3. 水泵安装位置靠近建筑物时，预留足够的检修空间	

9.6　首件验收

　　在徐州地铁 3 号线站后工程中，首件验收是一个重要的环节。在施工前组织业主、监理、设计和施工单位对首件工程进行验收，对首件工程的施工工艺、材料、质量等进行全面检查，以确保施工质量和工艺符合要求。首件验收也为后续施工提供了经验和参考，有助于提高整体施工质量和效率。站后总包部针对各个专业的特点，进行了周密的筹划，制定了关键工序首件验收计划。

　　通过首件验收，可以及时发现施工过程中存在的质量问题，并采取有效的措施进行整改。这有助于在后续施工中避免类似问题的出现，确保整个站后工程的质量稳定可靠；可以规范施工工艺和方法，为后续施工提供指导避免因施工工艺不一致而导致的质量差异；可以建立起一套完善的质量控制体系，有助于提高项目的质量意识，加强质量监督和管理；有助于优化施工工艺，提高施工效率，降低施工成本。

　　其中轨道专业根据不同线路道床形式（普通、减振垫、钢弹簧、有砟等）、道岔进行首件验收；常规机电选择主体及附属完成度高的车站进行砌筑、设备区装修、风水电管线及综合支架、环控机房设备首件验收；供电与弱电根据砌筑、铺轨、公共区装修进度进行变电所设备、环网、接触网、机房设备及理线、信号室外设备、终端设备首件验收。站后各专业首件验收一览表见表 9.6-1。

站后各专业首件验收一览表

表 9.6-1

序号	专业	项目	验收控制点	标准做法
1	接触网	支持悬挂装置安装	1. 支持悬挂装置型号应符合设计文件要求，安装应平整、稳固，紧固件应齐全。 2. 支持装置应保证接触线工作面正确和汇流排能自由伸缩、不卡滞，并留有拉出值、接触线高度调节余量	1. 测量选型：根据测量记录的隧道类型、隧道净空高度、曲线外轨超高等数据，选择相应的悬挂类型，计算悬吊螺栓长度，编制装配表。 2. 结构装配：班组按装配数据表、装配图和装配要求进行选型、装配。装配前，对要装配的各零部件先进行检查，有缺陷的产品不得安装使用。 3. 现场安装：班组将装配好的悬挂定位运至施工现场，逐点对号安装。垂直悬吊安装底座安装水平紧固，零部件安装正确齐全并紧固。 4. 初调：采用激光测量仪和水平尺相结合调整悬吊槽钢与轨面平行，高度初调至设计值，绝缘子中心均处于受电弓中心位置
2	变电	基础预埋件制安	1. 基础预埋件安装不平度及不直度允许偏差应小于 1mm/m，全长小于 2mm；困难情况下，除 GIS 开关柜外，其他设备全长允许偏差可适当降低，但应小于 5mm。 2. 预埋件的位置误差及不平行度允许偏差应小于 5mm。预埋件与其相应安装设备间的接触面应平整	1. 框架拼装及焊接：根据施工图纸进行下料拼装焊接，拼装焊接时应严格控制两根槽钢间的平行距离、对角线、水平度，确认无误后将槽钢焊接牢固。 2. 测量定位：根据施工图纸及设备房墙体（墙线），在结构层上测量确定预埋件的安装位置并画线标记，将焊接成为整体框架的设备基础预埋件放于画好的线上。 3. 固定角钢：根据施工图纸，在槽钢边相应位置安放规格为 L50×5 的角钢，并用螺栓将其固定在结构层上，螺栓固定应紧固牢靠。 4. 水平调整：以装修一米线为依据，用水准仪确定一个设备基础预埋件的最高点。同一房间内有几组预埋件时，应测出每一组预埋件的最高点。取测量出的最高点为基准点，调整其他预埋件的高度。 5. 焊接固定：确认每组预埋件的位置、间距、水平无误后，用点焊的方式将槽钢和角钢焊接。 6. 基础接地安装：根据施工图，每组预埋件有两条接地支线，一端与预埋件焊接，一端引至就近接地干线处，待接地装置安装时进行焊接，外露长度不小于 450mm。接地扁钢与预埋槽钢三面焊接，焊接应牢固、可靠

续表

序号	专业	项目	验收控制点	标准做法
3	通信	区间电缆支架安装	1.区间电缆支架安装位置及安装方式符合设计要求，且不得侵入设备限界。 2.区间电缆支架接地方式符合设计要求。 3.区间电缆支架安装横平竖直、整齐美观。 4.区间电缆支架间距符合设计要求	1.按设计要求用测量仪分别测量出支架安装高度，每10m打点作标记，再用墨斗在隧道壁上弹出标记线。 2.检查发电机、电源线、冲击钻有无漏电现象。 3.根据站台区间使用的锚栓直径选用相应钻头在隧道壁上打孔，保证孔洞倾斜度在允许范围内。 4.用清孔毛刷清理干净孔洞中遗留的灰尘。 5.在钻好的孔位上，使用相应的锚栓进行安装，根据不同的锚栓使用不同的安装方式，务必保证锚栓紧固，安装平直整齐。 6.按施工图纸要求的规格型号正确选择支架、卡具。 7.将支架孔位对准孔洞，将锚栓戴好平垫弹垫对准孔位，用扳手拧紧，符合设计要求。 8.植入螺杆后进行拉拔试验，根据不同品牌产品特性及混凝土特性确定拉力值大小，监理在场见证。调整支架使支架与隧道壁密贴，与轨道垂直
4	信号	室内机柜安装	1.机柜底座与地面固定应平稳、牢固，机柜安装横平竖直、端正稳固，倾斜度偏差应小于机柜高度的1%；同排机柜正面处于同一平面，底部应处于同一直线。 2.机柜内所有设备的紧固件安装完整、牢固，零配件无脱落，机柜铭牌文字和符号标识正确、清晰、齐全	1.测量：根据图纸确定机柜安装位置，根据图纸距离用卷尺测量机柜边缘到墙边缘距离。 2.移动：根据测量及机柜位置，安装到固定位置，同排机柜上下边缘位于同一直线上，不得凸出或凹陷。 3.安装：调整好位置后，根据机柜内部螺栓孔位置进行划线打孔安装固定。 4.调整：采用水平尺观察机柜平整度，若有凸肚或凹陷，及时采用胶锤等工具微调整机柜位置，保证同排机柜处于同一直线上。 5.检查：观察机柜标志牌无脱落且应清晰。检查内部紧固件、设备无损坏且应完整
5	铺轨	无砟道床、有砟道床	1.线路平顺、无污染、结合尺寸符合设计要求。 2.道床面平整无坑洼、麻点等，轨底坡1/40。 3.伸缩缝水平顺直，填充沥青木板材料，并用聚氨酯密封胶封顶。 4.过轨管线依据设计要求埋设，两根轨枕间只能埋设1～2根直径小于100mm的管线。 5.道床排水沟深度、坡度符合设计要求，排水沟平直、无堵塞。 6.碎石道床面整洁、无污染，道床边坡符合设计要求	1.基标测设：利用坐标实测法对轨道基标进行加密测设，直线每120m、曲线每60m设一个，加密基标间距5m设一个。 2.无砟道床：采用架轨法一次性完成整体道床及水沟混凝土施工。每间隔四根轨枕安装一根轨排支撑架连接左右股钢轨，使用铺轨门式起重机铺轨，铺轨时在轨排支撑架螺旋支腿外加装PVC套管，利用轨排支撑架结合使用轨道横向螺旋支撑精调轨道平面、纵横断面并固定轨道位置，道床混凝土使用料斗浇注，混凝土强度达到5MPa后拆除支撑架。 3.有砟道床：银山车辆段有砟道床顶面宽为2500mm，单层道砟，曲线半径不大于300m的曲线地段，曲线外侧道床肩宽加宽100mm，道床厚度不小于250mm，混凝土枕最小轨道高度为630mm，边坡为1:1.5；试车线碎石道床顶面宽度3300mm，双层道砟，道床底砟厚度为200mm，面砟厚度不小于250mm，边坡为1:1.75。路基上轨道结构高度为842mm

9.7　资料组编

在徐州地铁 3 号线站后工程建设过程中，工程资料编制始终遵循徐州当地的归档标准《徐州市城市轨道交通工程竣工文件收集范围、归档要求及移交实施细则》。竣工归档文件填写认真、负责、实事求是，确保文件的完整性、准确性、系统性。归档的纸质文件材料书写工整、字迹、线条清晰耐久，表格统一规范，采用质量为 80g，标准 297mm×210mm 的 A4 纸张，并用激光打印机打印，内容用黑色签字笔进行填写。

图 9.7-1　资料归档图

归档的竣工图按单位工程、分部工程、专业编制，并配有竣工图编制说明和图纸目录。竣工图编制说明内容包括：竣工图涉及的工程概况、编制单位、编制人员、编制时间、编制依据、编制方法、变更情况、竣工图张数和套数等，逐张加盖并签署竣工图章。

竣工图片采用数码照片，使用 1000 万像素及以上的数码相机拍摄，所拍摄图像的分辨率不小于 600 万像素，拍摄时设置"日期时间显示"功能；照片后期不可进行加工，采用 6 寸的相纸打印图像，每个单位工程提供 60 张照片，使用档案归档相册进行整理归档，照片下方附有说明，其内容有事由、时间、地点、人物、背景、摄影者六要素。

为了保证资料的完整性和可追溯性，技术人员使用了先进的信息管理系统，将所有原始资料进行电子化处理，并建立了完善的数据库，极大地提高了工作效率和资料管理的可靠性。

在工程竣工验收阶段，资料编制团队对所有收集到的资料进行了全面的审核和整理。按照徐州市档案馆的要求，对资料进行了分类和组卷，形成 2500 余卷、625000 余页竣工资料。组卷过程中，注重资料的编目清晰和检索方便，使得未来查阅和使用这些资料时能够一目了然，迅速定位。

最终，徐州地铁 3 号线的竣工资料以一套完整、规范、系统的档案形式呈现，不仅为工程的顺利验收提供了有力支持，也为今后的运营维护和历史记录保存奠定了坚实基础。通过这一系列严谨的资料编制和管理流程，徐州地铁 3 号线项目成为了工程资料管理的典范，为其他类似项目提供了宝贵的经验和参考。档案归档如图 9.7-1 所示。

9.8　成品保护

徐州地铁 3 号线站后工程在策划阶段，站后总包部联合各施工标段根据工程特点和施工安排，组建了成品保护小组，编制了成品保护奖罚制度和成品保护方案，明确了责任分工及保护措施等内容。从站后总包部到各标段，再到各施工班组将责任层层压实，为成品保护工作的顺利开展提供了有力保障。

在实施阶段，站后总包部建立了严格的监督检查机制，监督各标段严格按照成品保护方案落实成品保护措施。例如，采用高强度的防护膜对易受损的成品进行覆盖保护；使用三防布、防护板、防潮剂等对设备关键部位进行防磕碰和防潮保护；采用环保型涂料和防护剂对成品进行表面处理，提高其抗污、防腐蚀能力；利用智能化监控系统对施工现场进行实时监控，确保责任可追溯。

成品保护小组通过定期巡查、随机抽查和专项检查等方式对施工现场进行全面、细致的监督和管理，对发现的问题要求相关责任人及时进行处理和整改，对于屡次保护不当的标段及班组进行通报批评，并根据情节严重程度参照总包部制定的成品保护奖罚制度给予相应的处罚。

通过以上措施促进各标段的施工作业有组织、有条理的穿插进行，保证用于施工的原材料、成品、半成品、工序产品以及完成的工程实体得到有效保护，免受损伤。成品保护小组每周举行一次协调会，集中解决发现的争议性难题，形成会议纪要。最后，成品保护小组还注重收集和分析反馈信息，不断总结经验教训，对成品保护管理措施和方法进行持续改进和优化。

站后总包部深刻认识到施工成品保护不仅仅是简单的物理防护措施，更是一种贯穿施工全过程的管理理念和责任意识。为了提高全体施工人员的成品保护意识，成品保护小组多次组织培训和宣传工作。通过举办讲座、发放宣传册、悬挂横幅、现场指导等形式，向施工人员普及成品保护的重要性及具体操作方法。同时，鼓励大家积极提出保护成品的合理化建议，对采纳的建议给予奖励，激发参与热情，成品保护工作得到了各标段的积极响应和支持。站后总包部成功地将成品保护意识植入每一位施工人员的心中，使之成为其日常工作的自觉行为。

通过这些措施的实施，确保了施工现场的有序管理，徐州地铁 3 号线站后工程成品保护工作取得了显著成效，工程成品在施工过程中得到了有效保护，损坏和污染现象得到了明显遏制，提高了工程的整体质量和美观度，也赢得了各单位的广泛赞誉和高度信赖。成品保护如图 9.8-1 所示。

图 9.8-1　成品保护示例图

第
10
章

精臻细节

打磨工程精品

在轨道交通建设领域，工程实体质量要达到国内行业领先，体现项目的质量管理水平，做到过程精品，一次成优。经过精心组织策划，针对徐州 3 号线站后工程 11 个单位工程，33 个子单位工程、89 个分部工程及 540 个分项工程，从材料选择、施工工艺到质量管控，每一个环节都力求精益求精，确保工程质量达到鲁班奖水平。工程实体注重细节处理，无论是外观质量、内部布局还是功能配置，都力求完美无瑕。对 50 个关键工序进行精心打磨，形成了全专业的精品工程。

10.1 轨道

10.1.1 普通无砟道床（表 10.1-1）

普通无砟道床   表 10.1-1

普通道床

道床表面平整、清洁，线条顺直、美观。扣件齐全、清洁、无杂物、无缺棱掉角等缺陷

主要指标允许偏差控制情况			
序号	检查项目	规范允许偏差	实际偏差控制
1	顶面宽度	±10mm	±8mm
2	中线位置	2mm	2mm
3	道床板顶面与承轨台面相对高差	±5mm	±4mm
4	平整度	5mm/1m	4mm/1m
5	伸缩缝位置	10mm	7mm
6	伸缩缝宽度	±5mm	±5mm
7	承轨面高程	（-8，+2）mm	（-6，+2）mm
8	道床板表面排水坡	-1%～+3%	-1%～+3%

10.1.2 减振垫浮置板道床（表10.1-2）

减振垫浮置板道床 表10.1-2

减振垫浮置板道床

钢轨远视平顺，轨向直线顺直、曲线圆顺、轨枕表面应方正，无污染，无缺棱掉角等缺陷

主要指标允许偏差控制情况

序号	检查项目	规范允许偏差	实际偏差控制
1	基底标高	−5 ~ +10mm	−4 ~ +8mm
2	平整度	≤ 5mm	≤ 4mm
3	限位凹槽	≤ 5mm	±4mm

10.1.3 钢弹簧浮置板道床（表10.1-3）

钢弹簧浮置板道床 表10.1-3

钢弹簧浮置板道床

道床表面平整、线条顺直、美观。扣件齐全、无杂物。轨枕表面方正，无污染，无缺棱掉角等缺陷。钢轨远视平顺，轨向直线顺直、曲线圆顺，钢轨无损伤，线路标志埋设端正

主要指标允许偏差控制情况

序号	检查项目	规范允许偏差	实际偏差控制
1	隔振器套筒位置	±5mm	±3mm
2	长度	±20mm	±16mm
3	轨距	−2 ~ +4mm	−1 ~ +2mm
4	轨向和高低	≤ 4mm/10m 弦	≤ 3mm/10m 弦

10.1.4 有砟道床（表 10.1-4）

有砟道床　　　　　　　　　　　　　　　　　　　　　表 10.1-4

有砟道床

道床饱满、均匀、无杂物，断面正确，边坡整齐、美观，路肩上无散落道砟、无杂草。扣件齐全、清洁、无杂物。道砟粒径级配，颗粒形状及清洁度均满足相关要求

主要指标允许偏差控制情况			
序号	检查项目	规范允许偏差	实际偏差控制
1	螺旋道钉锚固抗拔力	≥ 60kN	60.4 ~ 62.4kN
2	道床厚度偏差	±50mm	±42mm
3	砟肩宽度偏差	−20 ~ +50mm	−18 ~ +45mm

10.1.5 无砟道岔（表 10.1-5）

无砟道岔　　　　　　　　　　　　　　　　　　　　　表 10.1-5

无砟道岔道床

直股方向与其连接的线路一致，远视顺直；侧股方向与其连接曲线连接圆顺。岔枕枕面及扣件清洁、无杂物。道岔内各种标识齐全、清晰。道岔尖轨无损伤，尖轨尖端至第一牵引点与基本轨密贴

主要指标允许偏差控制情况			
序号	检查项目	规范允许偏差	实际偏差控制
1	尖轨尖端至第一牵引点尖轨与基本轨间隙	< 0.5mm	< 0.4mm
2	其他部位尖轨与基本轨间隙	< 1mm	< 0.8mm
3	查照间隔	1391 ~ 1394mm	1391 ~ 1394mm
4	护背距离	1346 ~ 1348mm	1346 ~ 1348mm
5	岔枕间距、偏斜偏差量	±10mm	±7mm
6	接头错牙、错台	≤ 1mm	≤ 0.8mm

10.1.6　有砟道岔（表 10.1-6）

有砟道岔　　　　　　　　　　　　　　　　　　表 10.1-6

有砟道岔道床

直股方向与其连接的线路一致，远视顺直；侧股方向与其连接曲线连接圆顺。岔枕枕面及扣件清洁、无杂物。道岔内各种标识齐全、清晰

主要指标允许偏差控制情况

序号	检查项目	规范允许偏差	实际偏差控制
1	道岔方向偏差	6mm/10m 弦	4mm/10m 弦
2	尖轨尖端至第一牵引点与基本轨间隙	< 0.5mm	< 0.4mm
3	其他部位尖轨与基本轨	< 1mm	< 0.8mm
4	查照间隔	≥ 1391mm	≥ 1391mm
5	护背距离	≤ 1348mm	≤ 1348mm
6	岔枕间距、偏斜偏差量	±10mm	±8mm
7	接头错牙、错台	≤ 1mm	≤ 0.9mm

10.1.7　无缝线路（表 10.1-7）

无缝线路　　　　　　　　　　　　　　　　　　表 10.1-7

无缝线路施工图

钢轨焊接接头纵向打磨平顺，保证焊头不得出现焊透、过烧、裂纹等有害缺陷，且所有焊头必须进行探伤检查。钢轨焊接接头编号记录完整齐全，字迹清晰

主要指标允许偏差控制情况

序号	检查项目	规范允许偏差	实际偏差控制
1	平直度偏差	0 ~ 0.3mm	0.1 ~ 0.3mm
2	轨头内侧工作面偏差	±0.3mm	0.1 ~ 0.3mm
3	轨底（焊筋）	0 ~ 0.5mm	0.1 ~ 0.5mm

10.2 变电

10.2.1 接地干线（表 10.2-1）

接地干线安装   表 10.2-1

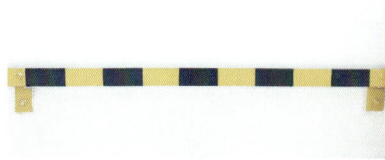

接地干线

接地干线的敷设应考虑到建筑物的结构形式、大小及综合布线的路由与空间配置，并与综合布线电缆干线的敷设相协调，安装在不受物理和机械损伤的保护处，采用专门的屏蔽层保护，沿接地干线长度方向涂以 100mm 宽度相等黄绿相间的条纹

主要指标允许偏差控制情况			
序号	检查项目	规范允许偏差	实际偏差控制
1	接地干线距墙	< 25mm	25mm
2	距装修完成地面	< 300mm	300mm
3	支撑点间距	< 1m	< 1m

10.2.2 设备安装（表 10.2-2）

设备安装   表 10.2-2

变电所成列设备

盘柜安装牢固、金属框架可靠接地、标识清晰。变压器固定牢固，器身完整无破损，铭牌齐全，相色标志正确

主要指标允许偏差控制情况			
序号	检查项目	规范允许偏差	实际偏差控制
1	垂直度偏差	< 1.5mm	< 1mm
2	相邻两盘顶部水平偏差	< 5mm	< 2mm
3	成列盘顶部水平偏差	< 5mm	< 4mm
4	相邻两盘边盘面偏差	< 5mm	< 1mm
5	成列盘面盘面偏差	< 5mm	< 4mm
6	盘柜接缝允许偏差	< 5mm	< 2mm
7	绝缘板露出柜体四周的长度	< 10mm	5mm
8	整体框架对地绝缘电阻值	> 1MΩ	2MΩ

10.2.3 电缆敷设（表10.2-3）

电缆敷设	表10.2-3

变电所夹层电缆

电缆敷设整齐无交叉，根据电压等级和用途分层敷设，转弯处电缆弯曲半径符合要求，电缆弧度整齐、美观。35kV电力电缆采用品字形排列，其他一、二次电缆采用一字形排列

10.2.4 电缆成端（表10.2-4）

电缆成端	表10.2-4

一次电缆头

一次电缆头缠绕胶带颜色统一，缠绕密实、牢固，热缩管长度统一、颜色按相色区别，电缆头安装紧固；二次电缆配线线缆留有适当余量、弧度一致，每个接线端子不超过两根导线

10.2.5 环网电缆敷设（表 10.2-5）

环网电缆敷设	表 10.2-5

区间环网电缆

（1）环网电缆支架安装整齐、标高一致，支架托臂外端上翘 10mm。

（2）环网电缆"品"字形排列，自然松弛、整齐美观，每隔 8m 进行刚性固定。在中间头两端各 50m 处蛇形敷设，中间头互相错开至少 2m

10.2.6 杂散电流系统设备安装（表 10.2-6）

环网电缆敷设	表 10.2-6

单向导通装置

（1）排流柜、单向导通装置安装横平竖直、紧固牢固，标识清晰。

（2）参比电极与传感器安装美观、位置正确。参比电极距防测端子距离小于 0.5m，传感器支架安装水平、牢固可靠

10.3　接触网

10.3.1　悬挂支持装置安装（表10.3-1）

环网电缆敷设 表10.3-1

接触网悬挂装置

悬吊安装底座、悬吊槽钢、绝缘横撑、吊柱、T形头螺栓等构件无变形，镀锌层完整。汇流排定位线夹表面无缺损，绝缘子安装端正、牢固可靠。汇流排定位线夹与绝缘子安装稳固，汇流排在汇流排定位线夹内自由伸缩、不卡滞

10.3.2　架空地线架设（表10.3-2）

架空地线架设 表10.3-2

架空地线架设

地线线夹安装端正，地线线夹中的铜垫片齐全或预绞丝安装完成，安装正确

主要指标允许偏差控制情况

序号	检查项目	规范允许偏差	实际偏差控制
1	架空地线的弛度安装曲线偏差	-2.5% ~ 5%	-1% ~ 3%
2	架空地线及其金具距接触网带电体的距离偏差	< 150mm	< 100mm

10.3.3　接触线架设（表 10.3-3）

接触线架设   表 10.3-3

汇流排终端安装

接触线可靠嵌入汇流排内，接触线与汇流排的接触面涂电力复合脂，接触线无接头、无硬弯。接触线在锚段末端汇流排外余长为 150～200mm，沿汇流排终端方向向上弯曲，汇流排终端紧固螺栓按产品力矩要求紧固

主要指标允许偏差控制情况

序号	检查项目	规范允许偏差	实际偏差控制
1	接触线安装高度偏差	±5mm	±3mm
2	拉出值偏差	±10mm	±7mm

10.3.4　汇流排安装（表 10.3-4）

汇流排安装   表 10.3-4

汇流排安装

汇流排所有螺栓保持统一朝向，汇流排定位线夹水平灵活转动，汇流排在温度变化时顺线路自由滑动。汇流排间连接的接触面清洁，汇流排连接缝两端夹持接触线的齿槽连接处平顺光滑

主要指标允许偏差控制情况

序号	检查项目	规范允许偏差	实际偏差控制
1	不平顺度	＜0.3mm	＜0.3mm
2	汇流排连接端缝平均宽度	＜1mm	＜1mm
3	汇流排中轴线垂直于所处的轨道平面偏斜量	＜1°	＜1°

10.3.5　下锚安装（表 10.3-5）

下锚安装	表 10.3-5

下锚安装图

张力补偿装置的调整符合设计安装曲线，坠砣距地面的距离，不小于 200mm。坠砣完整，码放整齐、表面光洁，连接螺栓紧固，螺栓外露部分涂防腐油。滑轮状态符合设计并完整无损，滑轮有槽内灌注黄油，滑轮转动灵活。补偿绳无松股、断股等缺陷，无中间接头

10.3.6　吊弦安装（表 10.3-6）

吊弦安装	表 10.3-6

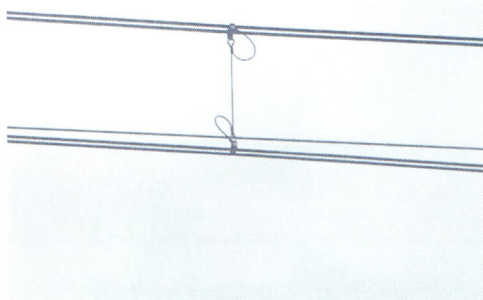

吊弦安装图

吊弦顺直、铅垂，无有死弯。螺栓穿向统一合理且不侵入受电弓动态包络线，吊弦无散股和断股现象，线夹连接螺栓紧固力矩符合设计要求。各股道同类悬挂的吊弦在同一断面内

10.3.7　隔离开关安装（表 10.3-7）

隔离开关安装　　　　　　　　　　　　　　　　　　　　　　　表 10.3-7

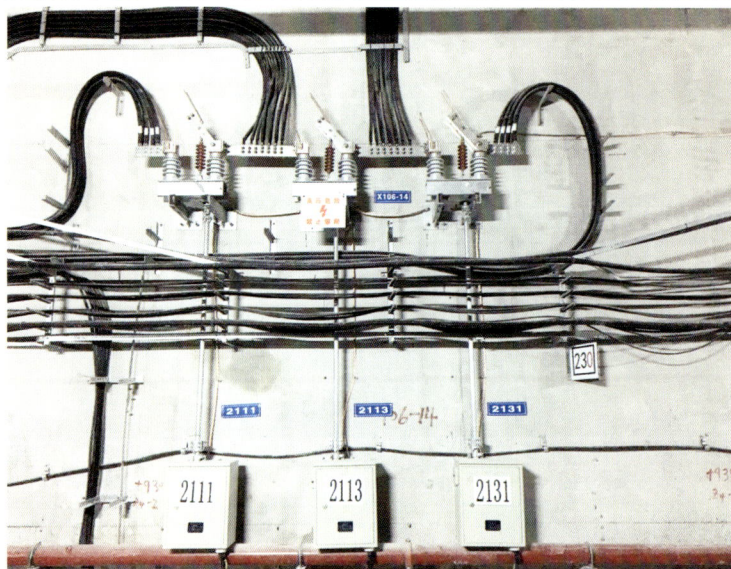

隔离开关安装及上网电缆敷设

隔离开关分、合顺利，角度符合产品技术文件要求。触头接触良好，无回弹现象。设备接线端子与隔离开关连接接触面涂电力复合脂

10.4　弱电

10.4.1　区间支架安装（表 10.4-1）

区间支架安装　　　　　　　　　　　　　　　　　　　　　　　表 10.4-1

区间托架安装

电缆支架应安装牢固，横平竖直，固定方式和间距符合设计要求;安装时电缆支架托臂上翘 3°～5°，必要时用垫片调节，保证其和隧道壁紧密相贴;
安装支架所用螺栓必须配有一平垫一弹垫，最后使用双螺母拧紧

10.4.2　光电缆线路（表 10.4-2）

光电缆线路　　　　　　　　　　　　　　　　　　　　　　　　　　　表 10.4-2

光电缆敷设

光电缆在支架上分层敷设、排列整齐、自然松弛；在线槽内敷设时排列整齐，无扭绞、交叉及溢出线槽现象；光电缆引入余留量不小于 5m，电缆引入均匀圆滑、无硬弯或背扣现象，并符合电缆弯曲半径要求

10.4.3　光缆熔接（表 10.4-3）

光缆熔接　　　　　　　　　　　　　　　　　　　　　　　　　　　　表 10.4-3

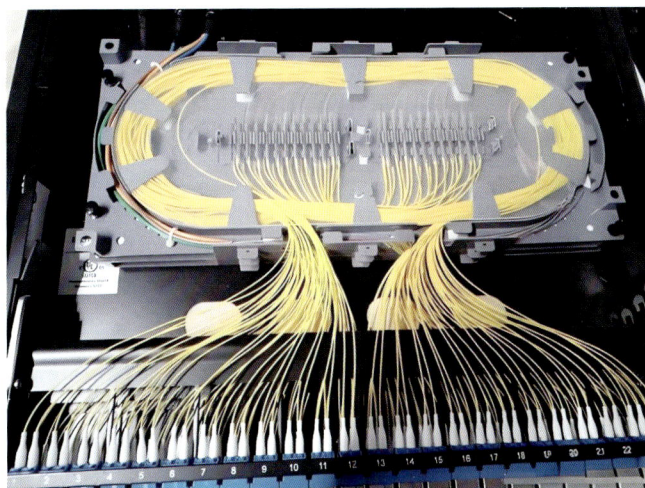

光缆熔接

光缆在中间接头预留不小于 2～3m，光缆接头处的光缆弯曲半径不小于护套外径的 15 倍，成端接续预留不小于 15m；接头衰耗 ≤ 0.03dB，且接头端面无气泡、无明显接痕；光纤接续时按光纤色谱、排列顺序，一一对应接续；光纤接续用热缩加强管保护，加强管收缩应均匀、无气泡；光纤收容时的弯曲半径不应小于 40mm；余长光纤收容完毕后，检查收容盘内光纤，保证光纤不受挤压、消除静态疲劳，熔接盘内无杂物

10.4.4　室内设备（表 10.4-4）

室内设备　　　　　　　　　　　　　　　　　　　　　　　　　　　　　　　　　　　表 10.4-4

室内机柜安装

机柜安装横平竖直、端正稳固，标识正确、清晰

室内线缆敷设

线缆敷设利用 BIM 技术，排列整齐、自然顺直、层次分明，线缆根据用途、去向分开分层布放，配线线缆留有适当余量、弧度一致、一孔一线

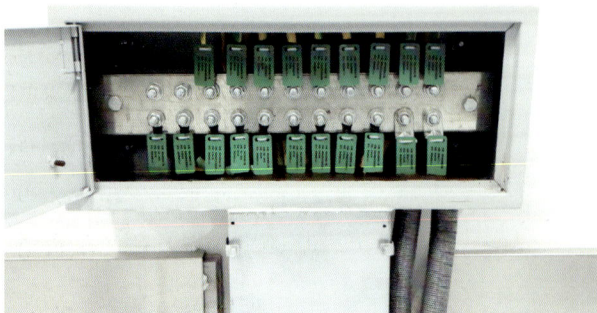

室内设备接地

室内设备接地线缆冷压端子压接牢固、热缩管防护、接地电阻不大于 1Ω；机柜及电缆引入孔防火防鼠封堵严密，平整光滑

10.4.5　通信终端设备安装（表10.4-5）

通信终端设备安装　　　　　　　　　　　　　　　　　　　　　　表10.4-5

通信终端设备

终端设备的安装位置及安装方式符合设计要求。终端的支架安装牢固稳定。终端安装在地面、高架站台时，做好防尘防水工作。终端设备配线绑扎牢固，与设备连接稳定可靠

10.4.6　信号机安装（表10.4-6）

信号机安装　　　　　　　　　　　　　　　　　　　　　　　　表10.4-6

信号机安装

信号机的安装位置、安装方向、安装高度、显示距离满足设计要求；机构安装紧固无松动，螺杆露出螺母2～3个螺距，引入机构配线电缆线色与灯位颜色一致，机构可靠接地

10.4.7 转辙机安装（表10.4-7）

转辙机安装	表10.4-7

转辙机安装

转辙机安装装置零部件齐全、各部位绝缘安装正确，各部位螺栓紧固并达到规定的紧固力矩，开口销齐全、其双臂对称劈开角度应为60°～90°。动作杆与密贴调整杆安装在一条直线上，与表示杆、道岔第一连接杆平行；各种连接杆的调整丝扣余量不小于10mm

10.4.8 计轴设备安装（表10.4-8）

计轴设备安装	表10.4-8

计轴设备安装

计轴磁头在钢轨上的安装孔中心距轨底高度、孔径、孔与孔的间距符合相关技术要求，计轴装置采用的专用电缆，其长度符合设计要求；电缆走线平缓，无盘圈、弯折现象

10.4.9 应答器安装（表10.4-9）

应答器安装	表10.4-9

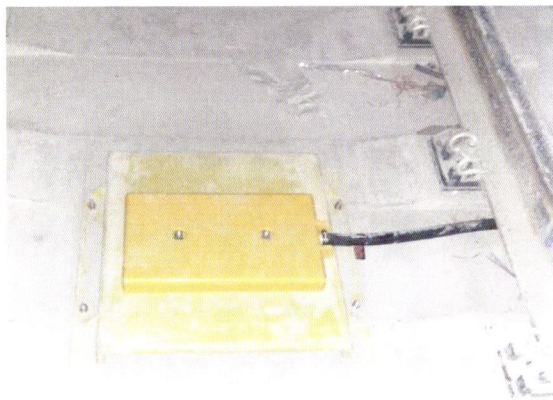

应答器安装

应答器的安装高度，以及纵向、横向偏移量符合设计要求，安装位置中心与勘测定标中心重合

10.4.10 IBP 盘安装（表10.4-10）

IBP 盘安装	表10.4-10

IBP 盘安装

IBP 盘安装时，应统筹考虑车控室布置的美观，安装位置及水平、垂直角度符合设计要求；IBP 盘台的上方不能敷设管道，屏底座周围采取封闭措施，引进机柜内或 IBP 盘台内的电缆固定牢靠，电缆按设计要求挂牌，挂牌为永久性标志，同时 IBP 盘上各终端设备和显示屏布置整齐美观

10.4.11　气灭钢瓶安装（表 10.4-11）

气灭钢瓶安装　　　　　　　　　　　　　　　　　　　　　　　表 10.4-11

气灭钢瓶安装

安装时压力表观察面及产品标牌朝外。钢瓶排列整齐，安装方式和间距符合设计要求。抱卡的高度在钢瓶 2/3 左右并尽量避开标牌

10.5　疏散平台

10.5.1　钻孔及锚栓安装（表 10.5-1）

钻孔及锚栓安装　　　　　　　　　　　　　　　　　　　　　　　表 10.5-1

成组锚栓安装

钻孔位置、孔径、深度和垂直度符合设计要求，孔位清洁，无孔屑、无积水。锚栓螺纹完好，镀锌层完好，锚栓孔填充密实，螺纹外露部分涂油防腐

主要指标允许偏差控制情况

序号	检查项目	规范允许偏差	实际偏差控制
1	锚固深度	> 160mm	> 160mm
2	锚栓抗拉承载力	> 108kN	> 112kN

10.5.2 支架安装（表10.5-2）

支架安装 表10.5-2

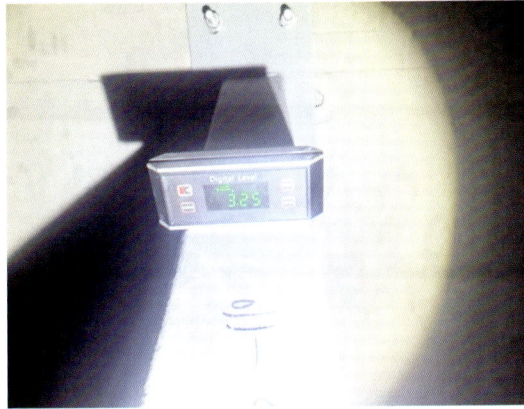

支架安装及调整

支架安装后满足限界要求。支架底板紧贴隧道壁，调整后的支架水平且与轨道中心线垂直

主要指标允许偏差控制情况

序号	检查项目	规范允许偏差	实际偏差控制
1	支架中心间距安装误差	≤ 5mm	≤ 3mm
2	支架纵向高度误差	≤ 1mm	≤ 0.7mm

10.5.3 平台板安装（表10.5-3）

平台板安装 表10.5-3

平台板安装

平台踏板两端头横向支撑在平台支架上，不允许悬空。每块踏板安装牢固，平台踏板无台阶

主要指标允许偏差控制情况

序号	检查项目	规范允许偏差	实际偏差控制
1	疏散平台板平整度偏差	±2mm	±1.2mm
2	平台板抗压强度	> 60MPa	63.2MPa
3	平台板厚度偏差	-2 ~ +3mm	-1 ~ +3mm

10.6　通风空调

10.6.1　风管制作、安装（表 10.6-1）

风管制作安装　　　　　　　　　　　表 10.6-1

风管安装

风管的连接应平整、顺直、不扭曲。明装风管水平安装，水平度的允许偏差为 3/1000，总偏差不应大于 20mm；明装风管垂直安装，垂直度的允许偏差为 2/1000，总偏差不应大于 20mm

主要指标允许偏差控制情况

序号	检查项目	规范允许偏差	实际偏差控制
1	风管应无明显扭曲与翘脚，表面应平整，无凹凸	≤ 8mm	≤ 7mm
2	管口平面度的允许偏差	1mm	1mm
3	矩形风管两条对角线长度之差	≤ 2mm	≤ 2mm

10.6.2　风管部件安装（表10.6-2）

风管部件安装　　　　　　　　　　　　　　　　　　　　　　　表10.6-2

风口部件安装

防火阀、排烟阀（口）的安装应牢固、稳定，安装方向、位置应正确，标识清晰。防火分区隔墙两侧的防火阀，距墙表面不应大于200mm；防火阀直径或长边尺寸大于等于630mm时，宜设独立支吊架；风管与风口连接严密、牢固，风口与装饰面板紧贴；风口表面平整、无变形，风口调节灵活可靠；同一房间内相同风口安装高度一致且排列整齐

主要指标允许偏差控制情况

序号	检查项目	规范允许偏差	实际偏差控制
1	当使用穿孔板保护层时穿孔率	＞20%	＞20%
2	单叶风阀与阀体间的间隙	＜2mm	＜2mm
3	位于防火分区两侧的防火阀距墙表面	≤200mm	≤195mm

10.6.3 风机安装（表 10.6-3）

风机设备安装	表 10.6-3

落地风机安装

风机安装应平稳牢固，减振装置设置符合要求，具备相应减振功能。风机应按照箭头指向安装，符合气流方向；风机与电动机的传动装置外露部分应安装防护罩，风机的吸入口或吸入管直通大气时，应加装保护网或其他安全装置

主要指标允许偏差控制情况

序号	检查项目	规范允许偏差	实际偏差控制
1	通用机组在 700Pa 静压下，漏风率	≤ 2%	≤ 2%
2	净化空调系统机组在 1000Pa 静压下漏风率	≤ 1%	≤ 1%
3	除尘器壳体漏风率	< 5%	< 5%
4	轴流风机的叶轮与筒体之间的间隙安装水平偏差和垂直度偏差	< 2mm	< 2mm

10.6.4 空调设备安装（表10.6-4）

空调设备安装 表10.6-4

空调机组安装

冷水机组、空调机组安装位置、进水管及出水管方向应符合设计要求；机组排列整齐、美观，支架设置牢固、统一，设备具备管道安装和检修空间；进、出水阀部件设置符合设计要求，布置合理、观感整齐；机房设置有组织排水

主要指标允许偏差控制情况

序号	检查项目	规范允许偏差	实际偏差控制
1	制冷循环系统中有两根以上的支管从干管引出时，连接部位间距	≥ 200mm	≥ 200mm
2	压力表距阀门位置	≥ 200mm	≥ 200mm
3	附属设备的安装位置，其水平度和垂直度	≤ 1‰	≤ 1‰
4	设备的座下减振器的安装位置与设备中心位置	≤ 2mm	≤ 2mm

10.6.5 管道绝热（表 10.6-5）

管道绝热   表 10.6-5

制冷管道绝热

设备、管道及阀部件绝热材料、胶粘剂要符合设计要求，安装要严密、整齐、美观。金属材料做保护壳时，保护壳要平整，紧贴防潮层，不应有脱壳、褶皱、强行接口现象，保护壳端头应封闭；立管的金属保护壳应自下而上进行施工，环向搭接缝应朝下；水平管道的金属保护壳应从管道低处向高处进行施工，环向搭接缝口应朝向低端，纵向搭接缝应位于管道的侧下方，并顺水

主要指标允许偏差控制情况

序号	检查项目	规范允许偏差	实际偏差控制
1	绝热层为卷材或板材时，满铺偏差	≤ 5mm	≤ 5mm
2	绝热层为涂抹或其他方式时，满铺偏差	≤ 10mm	≤ 10mm
3	首行保温钉的距绝热材料边沿的距离	< 2mm	< 2mm

10.7　动照

10.7.1　配电箱柜安装（表10.7-1）

配电箱柜安装　　　　　　　　　　　　　　表10.7-1

配电柜进线口封堵

配电柜基础型钢安装平直，接地可靠、牢固；配电柜之间及与基础型钢间用热镀锌螺栓连接、防松零件齐全，成排配电柜排列整齐，垂直度、接缝满足要求；电箱安装牢固、位置正确、部件齐全；箱体开孔与导管管径适配，一管一孔；暗装配电箱箱盖紧贴墙面，箱板涂层完整；箱内配线整齐、无铰接，回路编号齐全，标识正确；柜内配线整齐、美观、标识清晰，进出线口封堵严密

主要指标允许偏差控制情况

序号	检查项目	规范允许偏差	实际偏差控制
1	柜、台、箱、盘安装垂直度允许偏差	≤ 1.5‰	≤ 1.5‰
2	柜、台、箱、盘相互间接缝	≤ 2mm	≤ 2mm
3	柜、台、箱、盘中成列盘面偏差	≤ 5mm	≤ 5mm
4	电流回路对于铜芯绝缘导线或电缆的导体截面积	≥ 2.5mm^2	≥ 2.5mm^2

10.7.2 灯具、开关、插座安装（表 10.7-2）

灯具安装 表 10.7-2

车站灯具实物图

灯具固定牢固，不得使用木楔、尼龙塞或塑料塞，灯具吊杆内径不小于 10mm、壁厚不小于 1.5mm；区间灯具安装均采用防水接线盒，安装牢固可靠、有防振动脱落措施；应急照明灯有明显标识；接地线在插座间不得串联连接；开关采用同一系列产品，开关的通断位置一致，操作灵活，接触可靠，同一室内高度一致

主要指标允许偏差控制情况

序号	检查项目	规范允许偏差	实际偏差控制
1	带升降器的软线吊灯在吊线展开后，灯具下沿应高于工作台面	0.3m	0.3m
2	当采用钢管作灯具吊杆时，其内径	≥ 10mm	≥ 10mm
3	当采用钢管作灯具吊杆时，其壁厚	≥ 1.5mm	≥ 1.5mm
4	消防应急照明线路在非燃烧体内穿钢导管暗敷时，暗敷钢导管保护层厚度	≥ 30mm	≥ 30mm
5	在人行道等人员来往密集场所安装的落地式灯具，当无围栏防护时，灯具距地面高度	> 2.5m	> 2.5m

10.7.3　桥架、导管敷设（表 10.7-3）

桥架、导管敷设 表 10.7-3

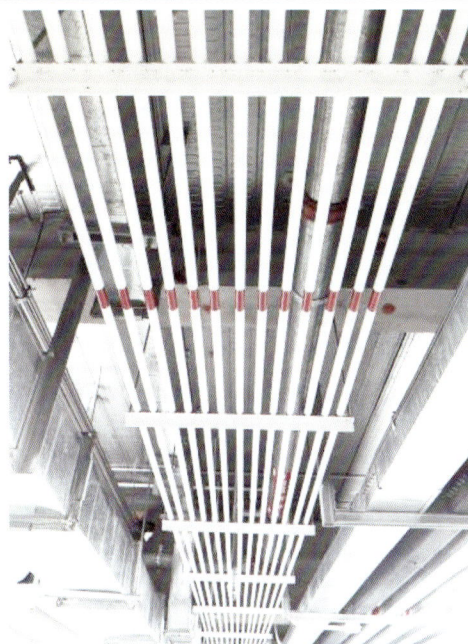

导管安装

电缆梯架、电缆槽盒在建筑变形缝、伸缩缝两侧应设置伸缩节；金属导管应与保护导体可靠连接，镀锌钢导管、可弯曲金属导管和金属柔性导管连接处的两端采用专用接地卡固定保护联结导体，金属导管与金属梯架、托盘、槽盒连接时，镀锌材质的连接端用专用接地卡固定保护联结导体，以专用接地卡固定的保护联结导体应为铜芯软导线，截面积不应小于 4mm²，接地卡采用热镀锌工艺

主要指标允许偏差控制情况

序号	检查项目	规范允许偏差	实际偏差控制
1	非镀锌梯架、托盘和槽盒间连接板的两端用专用跨接螺栓跨接铜芯接地线，接地线最小允许截面积	≥ 4mm²	≥ 4mm²
2	箱、柜、盒、管与管连接处应设置跨接地线，截面积	≥ 4mm²	≥ 4mm²
3	进入柜、台、箱、盘内的导管管口应高出柜、台、箱、盘的基础面	50 ~ 80mm	50 ~ 70mm

10.7.4　电线电缆敷设（表 10.7-4）

电线电缆敷设　　　　　　　　　　　　　　　　　　　　　　　　　　表 10.7-4

电缆标牌图

电缆敷设排列整齐、不宜交叉且固定可靠，在首端、末端及转弯等处有电缆标记牌，同一层支架上电缆间净距不小于 35mm，电力和弱电电缆、应急照明和普通照明的电缆不宜在同一层电缆桥架上，电缆下穿轨道时采用穿硬质非金属管材敷设；电缆出入箱柜及管子管口等处做防火密封处理；采用多相供电时，同一建（构）筑物的绝缘导线绝缘层颜色应一致

主要指标允许偏差控制情况

序号	检查项目	规范允许偏差	实际偏差控制
1	当电缆通过墙、楼板或室外敷设穿导管保护时，导管的内径不应小于电缆外径	1.5 倍	1.5 倍
2	盒内的绝缘导线总截面积（包括外护套）不应超过槽盒内截面积	40%	40%
3	塑料护套线在室内沿建筑物表面水平敷设高度距地面	≥ 2.5m	≥ 2.5m

10.7.5　动力设备安装（表10.7-5）

动力设备安装　　　　　　　　　　　　表10.7-5

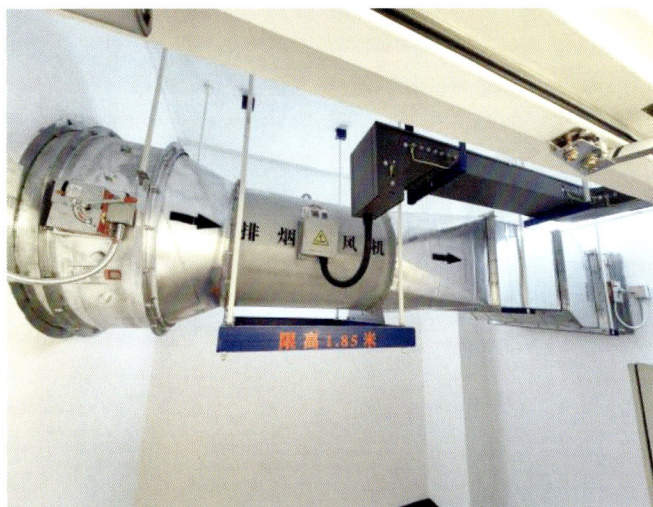

执行机构接线

电动机及电动执行机构的外露可导电部分须与保护导体可靠连接，电气设备安装应牢固，螺栓及防松零件应齐全、不松动，防水防潮电气设备的接线入口及接线盒盖等应做密封处理，电动执行机构的电气接线应符合接线图的要求，布线光滑平整，固定牢固，导线不得开裂，绝缘层不得损伤，电动执行机构动力电源和控制信号的进线应分开，电动机应试通电，并应检查转向和机械转动情况

主要指标允许偏差控制情况

序号	检查项目	规范允许偏差	实际偏差控制
1	低压电动机、电加热器及电动执行机构的绝缘电阻值	≥0.5MΩ	≥0.5MΩ
2	对于发电机组至配电柜馈电线路的相间、相对地间的绝缘电阻值，高压馈电线路	≥1MΩ	≥1MΩ

10.7.6　接地及等电位（表 10.7-6）

接地及等电位　　　　　　　　　　　　　　　　　　　　　　　　　　　表 10.7-6

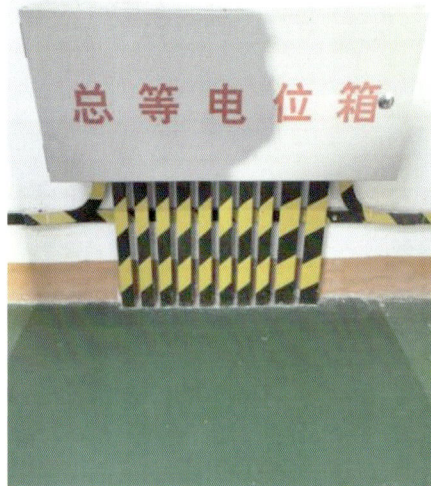

等电位箱安装

接地线的焊接采用搭接焊，并采取防腐措施，焊接搭接长度应符合规范要求，在接地线跨越建筑物伸缩缝、沉降缝处时，应设置补偿器；卫生间内金属部件或零件的外界可导电部分，应设置专用接线螺栓与等电位联结导体连接，并应设置标识，连接处螺帽应紧固、防松零件应齐全，当等电位连接导体在地下暗敷时，其导体间的连接不得采用螺栓压接

主要指标允许偏差控制情况

序号	检查项目	规范允许偏差	实际偏差控制
1	当沿建筑物墙壁水平敷设时，与建筑物墙壁间的间隙宜为	10 ~ 20mm	10 ~ 20mm
2	接地干线全长度或区间段及每个连接部位附近的表面应涂的黄色和绿色相间的条纹标识的宽度	15 ~ 100mm	≥ 1MΩ

10.8　给水排水

10.8.1　管道支吊架设置（表10.8-1）

管道支吊架　　　　　　　　　　　　　　　　　　　　表10.8-1

设备区支架安装

管道支吊架位置设置合理，漆膜、锌层涂刷均匀、光亮、无遗漏。支架应预制并进行防腐、刷漆，支吊架无漏焊、欠焊、裂缝、咬肉、飞溅等缺陷

主要指标允许偏差控制情况

序号	检查项目	规范允许偏差	实际偏差控制
1	支架、吊架中心点平面位置	0～25mm	0～23mm
2	支架标高	-10～0mm	-10～0mm
3	两个固定支架间的其他支架中心线距固定支架每10m处	0～5mm	0～5mm
4	两个固定支架间的其他支架中心线中心处	0～25mm	0～23mm

10.8.2　管道制作、安装（表 10.8-2）

管道安装　　　　　　　　　　　　　　　　　　表 10.8-2

风道内管道安装

管道漆膜涂刷均匀、光亮、无遗漏，绝热层平顺严密，标识清晰醒目。成排管道安装前进行深化设计、综合排布，不同材质、型号的管道直线部分、曲线部分保持相同间距。各种吊架拉杆长度按现场需要选取，但当吊架有水平位移时，铰链刚性吊架拉杆可活动的长度不应小于吊点处水平位移 20 倍，吊杆与垂直线夹角不应大于 3°；弹性吊架拉杆可活动的长度不应小于吊点处水平位移的 15 倍，吊杆与垂直线夹角不应小于 4°

主要指标允许偏差控制情况

序号	检查项目	规范允许偏差	实际偏差控制
1	给水引入管与排水排出管的净距	≥ 1m	≥ 1m
2	给水管道立管离大、小便槽端部	≥ 0.5m	≥ 0.5m
3	建筑物内埋地敷设的生活给水管与排水管之间的最小净距	≥ 0.5m	≥ 0.5m

10.8.3　消火栓箱安装（表10.8-3）

消火栓箱安装　　　　　　　　　　　　　　　　　　　　　　　　表10.8-3

消火栓箱内配件齐全

消火栓箱安装整洁，标识清晰，内部配件齐全有效。消防箱进水管洞口进行封堵；消防箱进水管接口部位外露丝扣清理干净，涂刷防锈漆；自救卷盘喉管平整顺直，无扭曲；消防箱门体、装饰门开启角度符合相关规范要求

主要指标允许偏差控制情况

序号	检查项目	规范允许偏差	实际偏差控制
1	栓口中心距地面为1.1m	±20mm	±18mm
2	阀门中心距箱侧面为140mm，距箱后表面为100mm	±5mm	±5mm
3	消火栓箱体安装的垂直度	±3mm	±3mm

10.8.4　洁具安装（表 10.8-4）

洁具安装　　　　　　　　　　　　　　　　表 10.8-4

公共区卫生间洁具

洁具安装位置正确，排列整齐，高度一致。台盆设置独立的支架，严禁通过台面打胶进行固定；洁具金属部件单独与等电位进行连接，避免遗漏；蹲便器脚踏阀安装稳固、高度适宜，避免长时间使用损坏

卫生器具安装主要指标允许偏差控制情况

序号	检查项目	规范允许偏差	实际偏差控制
1	坐标单独器具	±10mm	±9mm
2	坐标成排器具	±5mm	±5mm
3	标高单独器具	±10mm	±9mm
4	标高成排器具	±5mm	±5mm
5	器具水平度	2mm	2mm
6	器具垂直度	3mm	3mm

10.8.5　水泵安装（表10.8-5）

水泵安装　　　　　　　　　　　　　　　　　　　　表10.8-5

冷冻泵安装

水泵安装位置、进水管及出水管方向应符合设计要求；泵组排列整齐、美观，支架设置牢固、统一，周围留出安装和检修空间；设备进、出水阀部件设置符合设计要求，布置合理、观感整齐

主要指标允许偏差控制情况

序号	检查项目	规范允许偏差	实际偏差控制
1	水泵与电动机组合面的间隙	≤ 0.01mm	≤ 0.01mm
2	水泵与电动机组合缝处的安装高差	≤ 0.01mm	≤ 0.01mm
3	阀门安装的横向中心线与设计中心线的偏差	≤ 15mm	≤ 13mm

10.9　综合效果展示（图 10.9-1）

图 10.9-1　综合效果图（一）

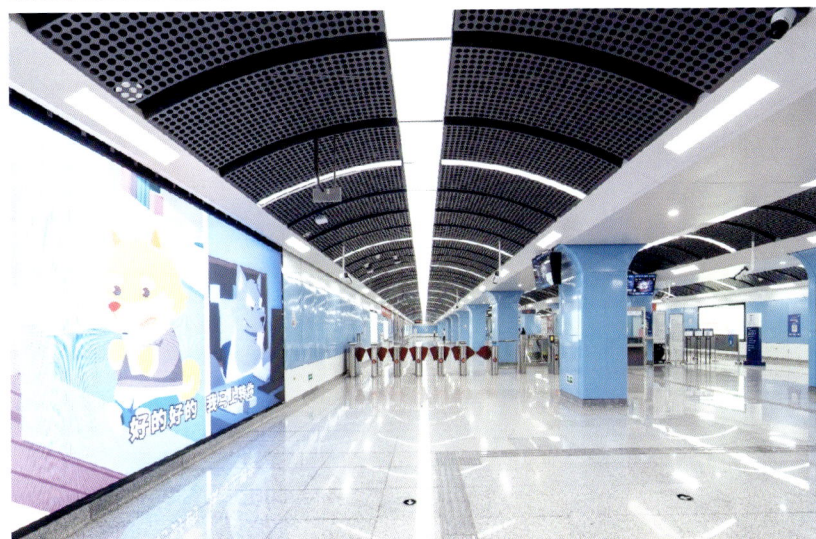

图 10.9-1　综合效果图（二）

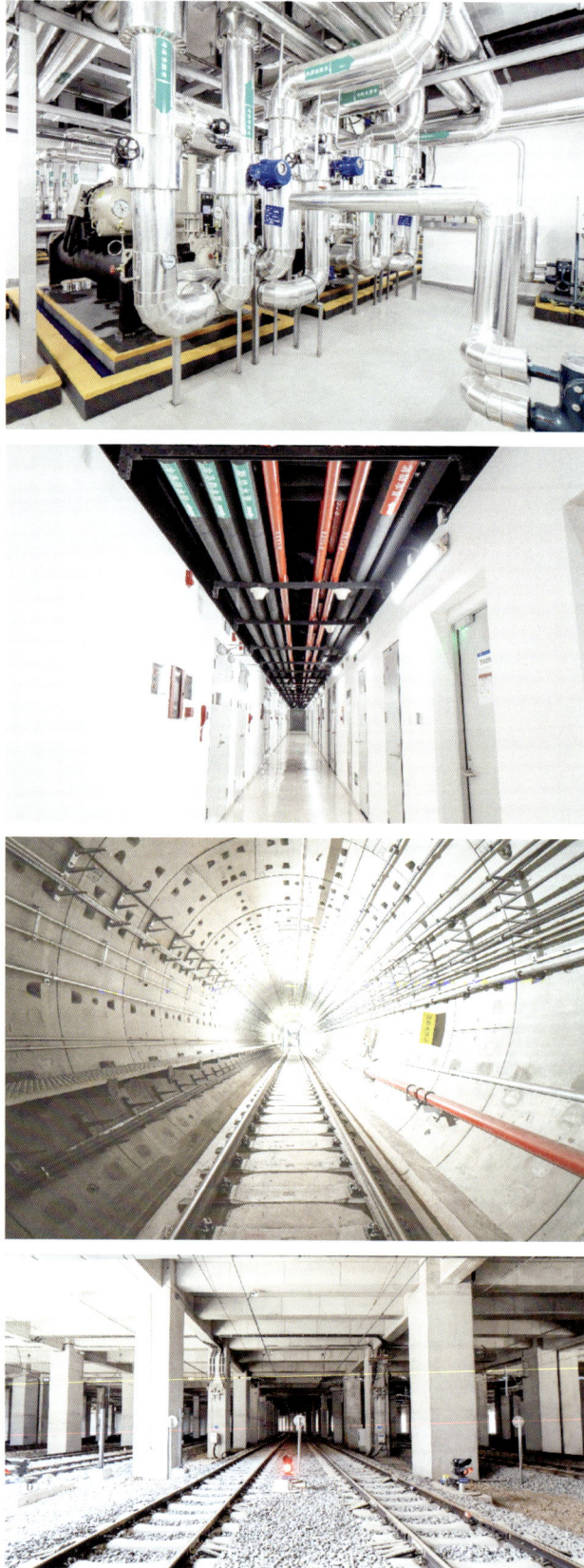

图 10.9-1　综合效果图（三）

第五篇

建证匠心　彰显卓越品牌影响力

　　徐州城市轨道交通 3 号线站后工程自 2020 年 5 月正式全面启动施工。在各级领导的指导与协助、站后总包部门及各施工单位的不懈努力下，确保了轨道贯通、电力供应、热力滑行等关键里程碑节点的顺利实现。该工程于 2021 年 6 月 28 日顺利开通并进入试运营阶段。在建设过程中，实现了高质量的一次性完成，并取得了"城市轨道交通工程系统机电关键技术研究及应用"等重要成果。此外，该工程荣获了鲁班奖、标准化星级工地等多项荣誉奖项，充分彰显了中建安装的专业实力与卓越风采。

2016 年 8 月 10 日工程开工

2020 年 1 月 5 日轨道工程开始铺设

2020 年 5 月 21 日站后工程开工

2020 年 7 月 29 日，首列电客车正式接车

2020 年 11 月 10 日左线轨通

2020 年 11 月 30 日全线 35kV 电通

2021 年 1 月 5 日全线轨通

2021 年 1 月 9 日接触网一次受电成功

2021 年 1 月 15 日全线热滑试验成功

2021 年 1 月 27 日进行项目工程验收并顺利通过

2021 年 3 月 20 日开始试运行

2021 年 4 月 22 日全尺寸热烟测试通过

2021 年 5 月 12 日通过试运营安全评价

2021 年 5 月 17 日全部站点消防初检

2021 年 5 月 31 日通过试运营安全预评估

2021 年 5 月 31 日 3 号线通过竣工验收

2021 年 6 月 17 日通过试运营安全评估

2021 年 6 月 28 日正式开通运营

中国建设工程鲁班奖

中建杯金奖

江苏省优质工程奖"扬子杯"

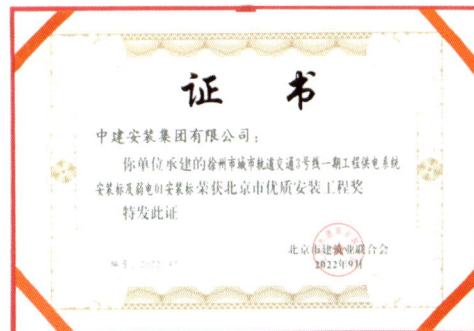

北京市优质工程奖

江苏省建筑施工标准化星级工地

中国安装协会科技进步一等奖

中国设备协会创新成果一等奖